I0099142

9780998515731

بسم اللہ الرحمن الرحیم

وہی جو دُکھ بھرے موسم کی ویرانی میں سینوں پر دھنک لمحوں کی خوشبو سے مہکتا ہاتھ رکھتا ہے دِلوں کو جوڑتا ہے اور پھر ان میں محبت نام کی سوغات رکھتا ہے، سفر میں راستے گم ہوں، ردائے گمرہی کتنی ہی میلی ہو غموں کی دھوپ پھیلی ہو۔ اُسے کوئی کہیں جس وقت اور جس حال میں آواز دیتا ہے، وہ سنتا ہے، بہت ہی مہرباں ہے رحم کرتا ہے، وہی سچ ہے ہمیں سچ بولنے کا حکم دیتا ہے، سو اُس کو یاد کرتے ہیں اسی کے نام سے آغاز کرتے ہیں۔

کبھی موسم ساتھ نہیں دیتے، کبھی بیل منڈیر نہیں چڑھتی
لیکن یہاں وقت بدلنے میں ایسی کوئی دیر نہیں لگتی

کہیں اندر بزم سجائے ہوئے، کہیں باہر خود کو چھپائے ہُوئے
ترے ذکر کا، کام نہیں رُکتا، تری یاد کی عُمر نہیں ڈھلتی

اِک خواب نُما تمثیل کا دُھندلا عکس ہے آئینہ خانے میں
وہ حُسن دکھائی نہیں دیتا اور پھر بھی نگاہ نہیں ہٹتی

کئی صدیاں بیت گئیں مجھ میں، ترے قُرب کی بے لذّت رُت میں
مرا جسم نماز کا عادی ہے، مری رُوح نماز نہیں پڑھتی

(مارچ/۱۹۹۹ء)

سلیم کوثر

دُنیا مِری آرزو سے کم ہے

First Paperback Edition: January 2017
Book Name: Dunya Meri Aarzoo Se Kam Hai
Category: Urdu Poetry
Poet: Saleem Kausar
Title: Raja Ishaq
Language: Urdu

Publisher: Andaaz Publications
                           4616 E Jaeger Rd
                           Phoenix, AZ 85050 USA
Email: admin@andaazpublications.com
Web: www.andaazpublications.com
Ordering Information: available from amazon.com and
                           other retail outlets

ISBN: 978-0-9985157-3-1

a
andaaz
PUBLICATIONS

سعدیہ سلیم، علی فیصل سلیم، علی احمد اور ابوبکر سلیم
کے نام
(اللہ تمہیں حکمت و دانائی عطا فرمائے)

یاد کہاں رکھنی ہے تیرا خواب کہاں رکھنا ہے
دل میں یا پھر آنکھوں میں، مہتاب کہاں رکھنا ہے

وہ کہتا ہے آخری بابِ عشق مکمّل کر لیں
اور میں سوچ رہا ہوں پہلا باب کہاں رکھنا ہے

حُسن کی یکتائی کا بس اتنا احساس ہے مجھ کو
کانٹوں کی ترتیب میں ایک گُلاب کہاں رکھنا ہے

(دسمبر ۱۹۹۴ء)

بے ترتیبئ مہ وسال

تمھیں اندازہ نہیں

تم جاتے ہوئے اپنی یاد
میرے کمرے میں بُھول گئے ہو
میری گرفتاری کا فیصلہ آزادی کے ساتھ کیا گیا
گہری سیاہ رات کی بھیجی ہُوئی پرَچھائیاں
روشنی کے سَراب میں لہولہان
میرے دروازے پر دستک دے رہی ہیں
اِن کے قدموں سے لپٹی ہوئی بے سمت مسافت
ہونٹوں پر ٹھہری ہوئی بد بُو دار بوسوں کی نفرت
اور وعدوں کی دھند میں لپٹی ہوئی کاغذی عدالت
دروازے کی دَرزوں سے صاف دِکھائی دے رہی ہے
اکثر ہمارے گھر
لوگوں سے خالی
اور پرَچھائیوں سے بھر جاتے ہیں
میرے بستر سے نیندوں بھری چادر کھینچ لی گئی
دیوار تُمھاری تصویر سے خالی کر دی گئی

اور ہرکارے!
اُس نظم کی تلاش میں گُم ہو گئے
جو میرے ذہن میں پُوری
اور کاغذ پر اَدھوری ہے
میں نے کمرے سے تمہاری یاد اُٹھا کر
اپنے دِل میں رکھ لی
اب میرے ذِہن میں وہ نظم ہے
اور دِل میں تُمہاری یاد
جب تک نظم کاغذ پر نہ آ جائے
مقدمے کی سماعت نہیں ہو سکتی
اور جب تک تمہاری یاد
دل میں ہے
نظم مکمل نہیں ہو سکتی
تم آؤ
اور اپنی امانت لے جاؤ
مجھے نظم مکمل کرنے دو
میں مقدمے کی سماعت جَھیل سکتا ہوں
ادُھوری نظم کی اذیّت نہیں

(جون/۱۹۹۵ء)

آغازیہ

شاعری، جیتی جاگتی زندگی کا دیدہ و نادیدہ منظرنامہ ہے۔ایک وہ زندگی جو ہمارے باہر گردش میں ہے اور ہر پل بدلتے ہوئے کرداروں کی چہرہ نمائی کو تماشا کئے ہوئے ہے اور اِس تماشے میں ہم دائرہ وار گھومتے رہتے ہیں۔ دوسری وہ، جو ہمارے اندر ایک طرح کی پراسراریت اور حیرت کی طرح پھیلی ہوئی ہے اور یہ پراسراریت اور حیرت ہم پر آئینہ وار عکس در عکس، رِکرچی رِکرچی منکشف ہوتی ہے۔ یہ اندھیروں اور اُجالوں کی تمثیل ہے، ایک ایسی تمثیل، جو انفس و آفاق کی آشنائی سے ہمکنار کرتی ہے اور آشنائی کے یہ موسم اپنے باطن میں نئے جہانوں کی صورت گری کے اُفق پر جمالیاتی حقیقتوں کی سرشاری سے جنم لیتے ہیں۔ شاعری خواب سے خواب کشید کرنے کا عمل ہے، یہ خاموشیوں میں گفتگو اور گفتگو میں خاموشیوں کی بازگشت ہے یہ حاصل اور لاحاصل کی جادوگری ہی نہیں، انبساط کا وہ لازوال نغمہ ہے جو فطرت کے اَبدی ساز پر زمان و مکاں کے بھید کھولتا ہوا، اپنی طرب انگیزیوں کی سب حالتوں میں اور دُکھوں کی تمام کیفیتوں میں انسانی ضمیر کی آواز بن کر اُبھرتا ہے۔

○

غُبار ہوتی صدی کے صحراؤں سے اُبھرتے ہُوئے زمانے
نئے زمانوں میں آئے تجھ کو تلاش کرتے ہُوئے زمانے

اُداس شاموں کی سَرد راتوں میں تیرے عُشّاق دیکھتے ہیں
پلک جھپکتے ہُوئے دریچوں میں صبح کرتے ہُوئے زمانے

اگر یہ سب کاروبارِ ہستی، تری توجّہ سے ہَٹ گیا ہے
تو پھر یہ کس نے سنبھال رکھّے ہیں سب بکھرتے ہُوئے زمانے

بساطِ امکان پر تغیّر کا حُسن مہرے بدل رہا ہے
چراغِ حیرت کی لَو میں زندہ ہیں رقص کرتے ہُوئے زمانے

زمین سُورج کے گرد، اپنے مدار میں گھومتی ہے جیسے
تری گلی کا طواف کرتے ہیں یُوں گزرتے ہُوئے زمانے

(مارچ/۱۹۹۹ء)

ہم شکستہ دلوں کو نیا حوصلہ ،صرف اللہ ہے ،صرف اللہ ہے ،صرف اللہ ہے
سب کا حاجت روا سب کا مشکل کُشا ،صرف اللہ ہے ،صرف اللہ ہے ،صرف اللہ ہے

رحمتِ دوجہاں ، سیّدالمرُسلاں ، عاصیوں کی اماں ، صرف میرے نبی ﷺ صرف میرے نبی ﷺ
خالق و مالکِ صبحِ روزِ جزا ، صرف اللہ ہے ،صرف اللہ ہے ،صرف اللہ ہے

خواہشوں کی غلامی میں جکڑے ہوئے لوگ جھوٹی اناؤں کی تکمیل میں صَرف ہونے لگے
خیر کا اور سچّائی کا راستہ ،صرف اللہ ہے ،صرف اللہ ہے ،صرف اللہ ہے

سارے علم و ہنر ، ایک پَل کی خبر ، سارے فکر و نظر ، لمحہ لمحہ زمانے میں ہیں بے اثر
قائماً ، دائماً ، ابتدا ، انتہا ، صرف اللہ ہے ،صرف اللہ ہے ،صرف اللہ ہے

جس نے فتح مبیں کی خبر دی ہمیں، عزّتوں والی اِک رہ گزر دی ہمیں اور گھر بھر دیا
کون ہے جس نے وعدوں کو سچّا کیا، صرف اللہ ہے، صرف اللہ ہے، صرف اللہ ہے

چاند سورج ستاروں کی ترتیب میں، شاخ در شاخ پھولوں کی تہذیب میں اور ابابیل میں
کون ہے سوچنا، سوچنا تم ذرا، صرف اللہ ہے، صرف اللہ ہے، صرف اللہ ہے

کوئی آخر بھٹک کر کہاں جائے گا سب سلیم ایک ہی راستے کی لڑی سے بندھے ہیں یہاں
سارے کھوئے ہوؤں کا اتا اور پتا صرف اللہ ہے، صرف اللہ ہے، صرف اللہ ہے

۴ فروری ۲۰۰۴ء (حرم پاک)

○

ہجر کی انتہا وصال رات کی انتہا ہے دن صَلِّ عَلیٰ نَبِیِّنَا صَلِّ عَلیٰ محمدﷺ
یاد کو ہم سفر بنا ساعتِ ماہ و سال گِن صَلِّ عَلیٰ نَبِیِّنَا صَلِّ عَلیٰ محمدﷺ

شوق کا کوئی مرحلہ، فکر کا کوئی زاویہ، علم کا کوئی سلسلہ اصل میں طے نہیں ہوا
آپؐ کے عشق کے بغیر آپؐ کے اعتبار بن صَلِّ عَلیٰ نَبِیِّنَا صَلِّ عَلیٰ محمدﷺ

صفحۂ ہست و بود پر جلوت و خلوتِ حیات، آپؐ کی ایک اِک ادا آپؐ کی ایک ایک بات
لمحہ بہ لمحہ درج ہے کچھ بھی رہا ہو سال و سن، صَلِّ عَلیٰ نَبِیِّنَا صَلِّ عَلیٰ محمدﷺ

میرے سفر کی شدّتیں دشتِ زمانہ کھا گیا، جو بھی بچا کھچا تھا میں آپ کے در پہ آ گیا
جسم بہت ہی پُرسکوں روح بہت ہے مطمئن، صَلِّ عَلیٰ نَبِیِّنَا صَلِّ عَلیٰ محمدﷺ

(جولائی/۱۹۹۶ء)

سیّد المرسلین ﷺ کے حضور

سیّد المرسلین ﷺ
میں کہیں بھی نہیں

نیک نامی سے تہمت چھلکنے لگی
صرف رسوائیاں میرے اطراف ہیں
میرے چاروں طرف بھیڑ ہی بھیڑ ہے
پھر بھی تنہائیاں میرے اطراف ہیں
جسم جن کا نہیں، روح جن میں نہیں
کیسی پرچھائیاں میرے اطراف ہیں
محفلوں کے تسلسل میں زندہ ہوں میں
اور ویرانیاں میرے اطراف ہیں
کوئی مشکل نہیں اور مشکل یہ ہے
سخت آسانیاں میرے اطراف ہیں
میری ترتیب و تقویم کے لاحقے
سارے تبدیل ہوتے چلے جا رہے ہیں
بتاؤں کیسے
میرے پیروں میں سورج ہے سر پر زمیں

سیّد المرسلین ﷺ

میں کہیں بھی نہیں
زندگی بابل و نینوا کی کہانی ہوئی
میرے بغداد و بصرہ کی تہذیب سب اہلِ علم و ہنر کی نشانی ہوئی
ایک دھندلی سی تصویر تھی ذہن میں میرے اجداد کی
اور وہ تصویر بھی اب پرانی ہوئی
گم ہوئے میرے اُمّ القصر
آنے والے زمانوں کی تبدیلیوں پر نہیں ہے کسی کی نظر
وقت کی قید میں ہے ابھی میری تاریخ کا نوحہ گر
دور صحرا میں اُڑتی ہوئی ریت کے دائروں میں سمٹتی ہوئی داستانیں
جو ہر عمر کے خوں سے لکّھی گئیں
اِک نئی کربلا کے دوراہے پہ بکھری پڑی ہیں
کہیں ریگِ عبرت کے ذرّوں میں لپٹی ہوئی سازشوں کا تماشہ
کہیں اپنے شانوں پہ رکھے ہوئے اپنی ہی آرزوؤں کا لاشہ
کہیں رقص کرتی ہوئی وحشتیں بے تحاشہ
کہیں قتل ہوتی ہوئی سوچ
بِکتے ہوئے خواب
جلتے ہوئے شہر، گلیاں، محلّے
محلّوں میں پھیلا ہوا بے بسی کا دھواں

اور دھوئیں کی سیاہی میں چھپتا ہوا آسماں
آسماں سے اُدھر رقصِ سیّارگاں
آفتاب اور مہتاب کی کہکشاں
کہکشاؤں کی گردش میں لپٹا ہوا میرا علم الیقیں
سیّد المرسلین ﷺ
میں کہیں بھی نہیں
پھول شاخوں سے گر کر بکھرتے چلے جا رہے ہیں
پیڑ اپنے ہی سایوں میں مرتے چلے جا رہے ہیں
یہ جو اَب وقت کے زہر آلود لمحے گزرتے چلے جا رہے ہیں
خوشبوؤں کے سبھی راستے بند کرتے چلے جا رہے ہیں
جبر کی دھوپ میں جل گئے امن کے شامیانے مرے
میرے ہاتھوں سے نکلے چلے جا رہے ہیں خزانے مرے
یا تو ہتھیار ہی زہر آلود تھے یا خطا ہو گئے سب نشانے مرے
یا مرے دشمنوں کو دکھائے گئے ہیں ٹھکانے مرے
کون ظاہر ہے اور کون معدوم ہے
کون حاکم ہے اور کون محکوم ہے
کون ظالم ہے اور کون مظلوم ہے
پردۂ عالمِ غیب میں جو بھی تحریر ہے
وہ فقط آپ ﷺ ہی کو تو معلوم ہے

اور کسی کو نہیں

سیّدالمرسلین ﷺ

میں کہیں بھی نہیں

بے بسی حد سے بڑھتی چلی جا رہی ہے

شاخِ زیتون ہاتھوں میں جلتی چلی جا رہی ہے

شمعِ امکانِ تازہ پگھلتی چلی جا رہی ہے

موجِ خوں

خشک دریاؤں کی راہ داری میں چڑھتی چلی جا رہی ہے

مرے سیّدی

ان دنوں زندگی مجھ میں بے کل ہوئی جا رہی ہے

بچا لیجیے

شاخِ ہستی پہ میں اک بکھرتا ہوا پھول ہوں

میری خوشبو معطّل ہوئی جا رہی ہے

میں تو بس آپ ﷺ کی سمت جاتے ہوئے سب زمانوں کے رستوں میں

بیٹھی ہوئی دُھول ہوں

آپ ﷺ کی نسبتوں ہی سے میں یاد رہ جاؤں گا

ورنہ میں تو گزرتے ہوئے وقت کے حافظے میں فقط

بھول ہی بھول ہوں

جو مجھے آپ ﷺ کے راستوں پر چلا دے وہ کیفیتیں چاہییں
چاہیے آپ ﷺ کا عشق اور آپ ﷺ کے عشق کی شدّتیں چاہییں
وہ جو علم و ہنر میں، محبّت میں احسان تک میں مثالی رہے
آپ ﷺ کے دوستوں اور غلاموں سے ملتی ہوئی عادتیں چاہییں
میرے چاروں طرف مجھ کو گم راہ کرنے کے اسباب موجود ہیں
مجھ گنہگار کو تو مُسلسل حضور آپ ﷺ کی رحمتیں چاہییں
میرا ہر فیصلہ دشمنوں کی برآمد پہ مامور ہے اب مجھے
آپ ﷺ کی روشنی میں نئے فیصلے کی نئی قوّتیں چاہییں
زندگی کی طرف جانے والے سبھی راستے بند ہونے لگے
صاحبِ غارِ ثور و حِرا حوصلہ چاہیے ہمّتیں چاہییں
اس خوشامد کدے میں کسی کو نمود و نمائش سے فرصت نہیں
جو دلوں میں دھڑکتی نظر سے جھلکتی ہیں وہ عزّتیں چاہییں
اِک نظر سیّدی
سیّدی اِک نظر
اپنے بیمار پر مجھ گنہ گار پر
ورنہ میں بے خبر
گردِ راہِ سفر کے سِوا کچھ نہیں
سیّد المرسلین ﷺ میں کہیں بھی نہیں

(جون ۲۰۰۳ء)

عشق کرتا ہے جب کسی کو اَسیر   کیا رہائی کی وہ کرے تدبیر
رقص کرنے لگی ہے گردِ وصال   آسماں ہے زمیں سے دامن گیر
پہلے آنکھوں میں خواب بھرتا ہے   پھر وہ کرتا ہے خواب کی تعبیر
ڈھیر کرتا ہے خواہشوں کے محل   پیدا کرتا ہے حسرتِ تعمیر
صفحۂ تیرگی کے سینے پر   کھینچ دیتا ہے روشنی کی لکیر
حجلۂ جاں میں ایسے بیٹھا ہے   جیسے تنہائیوں کا جمِّ غفیر
دینے والا بھی لینے والا بھی وہ   آپ ہی بادشاہ آپ فقیر
خود بُنے ہے ردائے شیشہ و سنگ   خود ہی کرتا ہے اس کو لیروں لیر
ڈھال بھی تو وہی بناتا ہے   جو بناتا ہے خنجر و شمشیر
کھول دیتا ہے وسعتِ افلاک   ڈال دیتا ہے پاؤں میں زنجیر
حرف و آواز و رنگ دے کے ہمیں   وہ بناتا ہے اپنی ہی تصویر
سب کے سب اس کے استعارے ہیں   تم ہو اقبالؔ ہو کہ غالبؔ و میرؔ
اپنی وحدت میں بے شمار ہے وہ   کوئی اوّل ہے اس کا اور نہ اَخیر
جب تک اس کا یقین زندہ ہے   زندہ رہتا ہے آدمی کا ضمیر

میں جو کرتا ہوں اس کی حمد سلیمؔ
اس سے بڑھتی ہے خود مری توقیر

(جنوری ۱۹۹۵ء)

○

چاہتا ہے شادابی مجھ میں شخص کوئی ویرانے جیسا
دے کوئی لہر سمندر جیسی ، بادل رنگ جمانے جیسا

جیون گھاٹ سے تَن مَن موسم ابھی نہا کر نکلا ہوں میں
پھر کوئی یاد بُھلانے جیسی ، پھر کوئی روگ لگانے جیسا

جب تک آس کے پنکھ پکھیرو گلشنِ جاں میں لہراتے ہیں
کر کوئی بات نہ کرنے جیسی یا کوئی بھید بتانے جیسا

ایک مُسافت کے دھوکے میں چاروں اور سَفر ہے میرا
راہ کوئی مل جانے جیسی ، رَستہ گُم ہو جانے جیسا

ہجر و وصال تو جسم اور روح کے صحرا کا منظر نامہ ہے
آہٹ سی ترے آنے جیسی ، سایہ سا ترے جانے جیسا

یا تو جو ہے یہی ہے سب کچھ یا پھر سب کچھ یہی نہیں ہے
یا پھر دُنیا دیکھ رہی ہے خواب کوئی دیوانے جیسا

(نومبر ۱۹۹۴ء)

○

کوئی سچّے خواب دِکھاتا ہے، پَر جانے کون دِکھاتا ہے
مجھے ساری رات جگاتا ہے، پَر جانے کون جگاتا ہے

کوئی دریا ہے جس کی لہریں، مجھے کھینچ رہی ہیں اور کوئی
مِری جانب ہاتھ بڑھاتا ہے، پَر جانے کون بڑھاتا ہے

کبھی جائے نماز کی بانہوں میں کبھی حمد دُرود کی چھاؤں میں
کوئی زار و زار رُلاتا ہے، پَر جانے کون رُلاتا ہے

وہی بے خبری، وہی جیون کا بے انت سفر اور ایسے میں
کوئی اپنی یاد دِلاتا ہے، پَر جانے کون دِلاتا ہے

کہیں اس معلوم سی دُنیا میں کوئی نا معلوم سی دُنیا ہے
کوئی اس کے بھید بتاتا ہے، پَر جانے کون بتاتا ہے

مری تنہائی میں ایک نئی تنہائی ہے جس کے رنگوں میں
کوئی اپنے رنگ مِلاتا ہے، پَر جانے کون ملاتا ہے

کوئی کہتا ہے یہ رَستہ ہے اور تیرے لئے ہے یہ رَستہ
کوئی اِس میں خاک اُڑاتا ہے، پَر جانے کون اُڑاتا ہے

کوئی کہتا ہے یہ دُنیا ہے اور تیرے لئے ہے یہ دُنیا
کوئی اِس سے خوف دِلاتا ہے، پَر جانے کون دِلاتا ہے

کوئی کہتا ہے اس مٹّی میں کئی خواب ہیں اور ان خوابوں سے
کوئی بیٹھا نقش بناتا ہے، پَر جانے کون بناتا ہے

کوئی ہر شے کے سینے میں کہیں، موجود ہے ظاہر ہونے کو
کوئی اپنا آپ چُھپاتا ہے، پَر جانے کون چھپاتا ہے

کوئی دیکھا اَن دیکھا ہر پَل چُپ چاپ لکھے جاتا ہے مگر
کوئی مجھ میں شور مچاتا ہے، پَر جانے کون مچاتا ہے

مجھے دُنیا اپنی چَھب دِکھلانے روز چلی آتی ہے مگر
کوئی دونوں بیچ آ جاتا ہے، پَر جانے کون آ جاتا ہے

(جون، جولائی ۲۰۰۵ء)

○

نہ کوئی نام و نسب ہے نہ گوشوارہ مِرا
بس اپنی آب و ہوا ہی پہ ہے گزارا مِرا

مری زمیں پہ ترے آفتاب روشن ہیں
ترے فلک پہ چمکتا ہے اِک ستارا مِرا

جو چاہتا ہے وہ تسخیر کر لے دُنیا کو
کسی بھی شے پہ نہیں ہے یہاں اِجارہ مِرا

میں ہم کنار ہُوا، ایک لہر سے اور پھر
کنارے ہی میں کہیں گم ہُوا، کنارا مِرا

بس ایک لمحۂ بے نام کی گرفت میں ہیں
نہ جانے کیسا تعلّق ہے یہ تمہارا مِرا

تو پھر جو نفع ہے میں اُس میں کیوں نہیں شامل
اگر یہاں کا خسارہ ہے سب خسارہ مِرا

جو دھیان تک نہیں دیتا ہے میری باتوں پر
سمجھ رہا ہے وہی شخص تو اشارہ مِرا

کہیں خوشی کی نمائش میں رکھ دیا جاکر
کل اُس نے بستۂ غم طاق سے اُتارا مِرا

وہی ہے تِل، وہی رُخسار ہیں، وہی تو ہے
مگر نہیں ہے سمر قند اور بخارا مِرا

میں بادوباراں سے آتش کشید کرتا ہوں
کہ آب و خاک کی تمثیل ہے ادارہ مِرا

اب آ گیا ہوں تو سوچا صدا لگاتا چلوں
کِسے خبر یہاں آنا نہ ہو دوبارہ مِرا

درونِ خانہ، کوئی بھی نہیں کسی کا سلیم
پہ دیکھنے میں تو لگتا ہے شہر سارا مِرا

(فروری ۲۰۰۳ء)

○

وہاں محفل نہ سجائی، جہاں خلوت نہیں کی
اُس کو سوچا ہی نہیں جس سے محبّت نہیں کی

اَب کے بھی تیرے لئے جاں سے گُزر جائیں گے ہم
ہم نے پہلے بھی محبّت میں سیاست نہیں کی

تم سے کیا وعدہ خلافی کی شکایت کرتے
تم نے تو لوٹ کے آنے کی بھی زحمت نہیں کی

دھڑکنیں سینے سے آنکھوں میں سمٹ آئی تھیں
وہ بھی خاموش تھا ہم نے بھی وضاحت نہیں کی

رات کو رات ہی اس بار کہا ہے ہم نے
ہم نے اِس بار بھی توہینِ عدالت نہیں کی

گردِ آئینہ ہٹائی ہے کہ سچّائی کُھلے
ورنہ تم جانتے ہو ہم نے بغاوت نہیں کی

بس ہمیں عشق کی آشُفتہ سَری کھینچتی ہے
رِزق کے واسطے ہم نے کبھی ہجرت نہیں کی

آ ذرا دیکھ لیں دُنیا کو بھی، کس حال میں ہے
کئی دن ہوگئے دُشمن کی زِیارت نہیں کی

تم نے سب کچھ کیا انسان کی عزّت نہیں کی
کیا ہُوا وقت نے جو تم سے رعایت نہیں کی

(فروری/۱۹۹۶ء)

ہاں ابھی نہیں

جذبے زنجیر نہیں ہوتے، سائے تو اَسیر نہیں ہوتے
جو منظر ہیں پس منظر میں، وہ کیوں تصویر نہیں ہوتے
جتنے بھی خیال گزار لئے، وہ کیوں تحریر نہیں ہوتے
اب خواب سراب سے لگتے ہیں
دن رات عذاب سے لگتے ہیں
کہیں جلتے بجھتے سائے سے، کہیں اَن دیکھے ہمسائے سے
آنگن بازار میں گلیوں میں، سب موت کا کھیل اُٹھا لائے
کوئی کسی کی فردِ جرم لکھے، کوئی کسی کی جیل اُٹھا لائے
اِک خوف بچھا ہے رستوں میں
بارود چھپا ہے بستوں میں
اب زہر ہے رات کی رانی میں
کہیں آگ لگی ہے پانی میں
تم کہتے ہو، تمہیں آن ملیں
تمہیں کیسے آن مِلیں آخر
جو کچھ تھا بے ترتیب ہوا

اس گھر کا حال عجیب ہوا
یہاں ساحل تھا.... جہاں آتی جاتی لہروں کے پیغام ہمارے نام لکھے تھے
دُور اُفق کے صحراؤں میں.... بادلوں کے خیمے تھے جن میں
دُھوپ کے لشکر چھپے ہوئے تھے
اکثر دُھوپ کی شدت
ان خیموں کو چھلنی کرتی تھی
یہاں شام کی محرابوں سے جل تھل کرتی رات اُترتی تھی
یہاں ریت تھی جس کے سینے میں
قدموں کے نشان دھڑکتے تھے
کوئی ناؤ تھی جس کے چلنے سے
پانی پہ چراغ سے جلتے تھے
کوئی آگ تھی جس میں چُھپے ہوئے
جسموں کے بھید پگھلتے تھے
کوئی گوشہ تھا، جہاں خواب سے خواب بدلتے تھے
کوئی تتلی پھول پہ کھلتی تھی
دامن سے خار لپٹتے تھے
خوشبو کے رنگ بکھرتے تھے
اب کوئی نہیں اور کہیں نہیں
اس چہرے سے اُس چہرے تک

حسرت سی ایک نمو کی ہے
اِن آنکھوں سے اُن آنکھوں تک
اِک لہر ہے اور آنسو کی ہے
اس لمحے سے اُس لمحے تک
بس ایک لکیر لہو کی ہے
کئی برس ہوئے منظر تبدیل نہیں ہوتا
اب چاند کسی چھت پر اُترے
یا دُور کہیں سے للچائے
خوشیوں کی دلیل نہیں ہوتا

تم کہتے ہو
تمہیں آن مِلیں
اس موسم میں
اب تم ہی کہو
کیا وعدے اور وعید کریں
تری دید کریں
ہم عید کریں
جس کاغذ پر ہمیں لکھنا تھا
اب وہ کاغذ اخبار ہوا
اب دِلوں کی حالت نازک ہے

جسے دیکھو وہ بیمار ہوا
ہاں ابھی نہیں
ابھی رات بھری اس بستی میں ہمیں اور چراغ جلانے ہیں
کوئی کتنا بے تعبیر کرے ہمیں تازہ خواب جگانے ہیں
ابھی اور بھی نظمیں لکھنی ہیں ابھی اور بھی شہر بسانے ہیں
تم دُعا کرو
ملنے کی آس نہیں ٹوٹے
مری پلکوں پر
کتنے ہی سمندر لہرائیں
مرے ہونٹوں سے
کتنے ہی دریا آن ملیں
اندر کی پیاس نہیں ٹوٹے
تم دعا کرو
ملنے کی آس نہیں ٹوٹے
پَر ابھی نہیں
ہاں ابھی نہیں
ہاں ابھی نہیں

(فروری ۱۹۹۵ء)

○

دستِ دُعا کو، کاسۂ سائل سمجھتے ہو
تم دوست ہو تو کیوں نہیں مشکل سمجھتے ہو

سینے پہ ہاتھ رکھ کے بتاؤ مجھے کہ تم
جو کچھ دھڑک رہا ہے اُسے دِل سمجھتے ہو

ہر شے کو تم نے فرض کیا اور اُس کے بعد
سائے کو اپنا مدِّ مقابل سمجھتے ہو

دریا تمھیں سَراب دکھائی دیا اور اب
گرد و غبارِ راہ کو منزل سمجھتے ہو

خوش فہمیوں کی حد ہے کہ پانی میں ریت پر
جو بھی جگہ ملے اُسے ساحل سمجھتے ہو

تنہائی جلوہ گاہِ تحیّر ہے اور تم
ویرانیوں کے رقص کو محفل سمجھتے ہو

جس نے تمہاری نیند پہ پہرے بٹھا دیئے
اپنی طرف سے تم اُسے غافل سمجھتے ہو

(مئی/۲۰۰۱ء)

◯

آئینہ گر تجھے معلوم نہیں ہے شاید
لوگ محرومِ خدوخال ہوئے جاتے ہیں

(اگست/۱۹۹۵ء)

○

کبھی ستارے کبھی کہکشاں بُلاتا ہے
ہمیں وہ بزم میں اپنی کہاں بُلاتا ہے

نہ جانے کون سی اُفتاد آ پڑی ہے کہ جو
ہم اہلِ عشق کو کارِ جہاں بُلاتا ہے

یہ کیسا دامِ رہائی بچھا دیا اُس نے
زمیں پکڑتی ہے اور آسماں بُلاتا ہے

گلی گلی میں عقیدوں بھری دُوکانیں ہیں
قدم قدم پہ نیا آستاں بُلاتا ہے

بھٹک گئے ہیں مگر گم نہیں ہُوئے ہیں کہیں
ابھی ہمیں جرسِ کارواں بُلاتا ہے

یہ آگ لگنے سے پہلے کی بازگشت ہے جو
بُجھانے والوں کو اب تک دُھواں بُلاتا ہے

اُمید ٹوٹنے لگتی ہے جب بھی کوئی سلیمؔ
تو اِک یقیں پسِ وہم و گماں بُلاتا ہے

(فروری ۲۰۰۲ء)

○

یوں صبح کھل رہی ہے سرِ قریۂ وصال
جیسے اذان گونج رہی ہو وجود میں

(دسمبر ۱۹۹۵ء)

○

ملاقاتوں کا ایسا سلسلہ رکھّا ہے تم نے
بدن کیا رُوح میں بھی رَت جگا رکھّا ہے تم نے

کوئی آساں نہیں تھا زندگی سے کٹ کے جینا
بہت مشکل دِنوں میں رابطہ رکھّا ہے تم نے

ہم ایسے ملنے والوں کو کہاں اِس کی خبر تھی
نہ ملنے کا بھی کوئی راستہ رکھّا ہے تم نے

جنوں کی حالتوں کا ہم کو اندازہ نہیں تھا
دیئے کی شہ پہ سورج کو بجھا رکھّا ہے تم نے

ہَوا کو حبس کرنا ہو، تو کوئی تم سے سیکھے
دریچے بند، دروازہ کُھلا رکھّا ہے تم نے

اب ایسا ہے کہ دنیا سے اُلجھتے پھر رہے ہیں
عجب کیفیّتوں میں مبتلا رکھّا ہے تم نے

خزاں جیسے ہرے پیڑوں کو رُسوا کر رہی ہے
سُلوک ایسا ہی کچھ ہم سے رَوا رکھّا ہے تم نے

رہائی کے لئے زنجیر پہنائی گئی تھی
اسیری کے لئے پہرہ اُٹھا رکھّا ہے تم نے

بُریدہ عکس لرزاں ہیں لہو کی وحشتوں میں
یہ کیسا آئینہ خانہ سجا رکھّا ہے تم نے

جہاں کردار گونگے، دیکھنے والے ہیں اندھے
اُسی منظر سے تو پردہ ہٹا رکھّا ہے تم نے

محبّت کرنے والے اب کہاں جا کر ملیں گے
گزرگاہوں کو تو مقتل بنا رکھّا ہے تم نے

(ستمبر/اکتوبر ۱۹۹۶ء)

○

ہجر آشنا کوئی نہ وصال آشنا کوئی
پھرتا ہوں ڈھونڈتا ہوا حال آشنا کوئی

وہ قحطِ خواب ہے کہ میسّر نہیں کہیں
اہلِ خیال کو بھی خیال آشنا کوئی

کتنے سُوال اُٹھائے گئے ہیں پسِ جواب
آخر کہیں تو ہوگا سُوال آشنا کوئی

اِک رقصِ سَرمدی کے لئے انتظار میں
بیٹھا ہوا ہے مجھ میں دھمال آشنا کوئی

عرضِ سخن کریں بھی تو کیا سوچ کر کہ یاں
کوئی کمال ہے نہ کمال آشنا کوئی

جو تیرے سائے ہی کے مماثل ہو آج تک
کب لا سکے مثال، مثال آشنا کوئی

مجھ کو ابد کے خواب دکھاتا ہوا سلیمؔ
لمحہ گُزر گیا ہے زوال آشنا کوئی

(جولائی/۲۰۰۴ء)

○

مہرباں عشق عجب معجزے دکھلاتا ہے
ایک در بند ہوا دوسرا کھل جاتا ہے

رت جگے نیند کے صحرا میں سلگتے ہیں سلیمؔ
تب کہیں جا کے کوئی خواب نظر آتا ہے

(نومبر/۱۹۹۸ء)

○

کہانی لکھتے ہوئے داستاں سناتے ہُوئے
وہ سوگیا ہے مجھے خواب سے جگاتے ہُوئے

دیئے کی لَو سے چھلکتا ہے اُس کے حُسن کا عکس
سِنگھار کرتے ہوئے آئینہ سجاتے ہُوئے

اب اُس جگہ سے کئی راستے نکلتے ہیں
میں گُم ہوا تھا جہاں راستہ بتاتے ہُوئے

پکارتے ہیں اُنہیں ساحلوں کے سنّاٹے
جو لوگ ڈوب گئے کشتیاں بناتے ہُوئے

پھر اُس نے مجھ سے کسی بات کو چھپایا نہیں
وہ کُھل گیا تھا کسی بات کو چھپاتے ہُوئے

مجُھی میں تھا وہ ستارہ صفت کہ جس کے لئے
میں تھک گیا ہوں زمانے کی خاک اُڑاتے ہوئے

مزاروں اور مُنڈیروں کے رَت جگوں میں سلیمؔ
بدن پگھلنے لگے ہیں دیئے جلاتے ہوئے

(اکتوبر ۲۰۰۲ء)

○

میں جانتا ہوں کوئی خواہش ہو، اِک صبر کا پہلو ہے مجھ میں
پھر اب کے لہو کی گردِش میں کوئی شے بے قابو ہے مجھ میں

کبھی ملے نہیں اور ملے بھی ہوں تو یاد نہیں پڑتا لیکن
اے شہرِ فراق کی شہزادی ترے وصل کی خوشبو ہے مجھ میں

(مئی ۱۹۹۷ء)

ایک تجھے ملنے کی خاطر

اوپر ریل کی پٹڑی
اور پٹڑی کے نیچے پُلیا
اور پُلیا سے گُزرتا رستہ
اور اس رستے میں یادوں سے بھرا گلدستہ
اس گُلدستے میں خوشبُو ہے
اور خوشبو میں جیسے تو ہے
شام ڈھلے یا رات گئے تک
جب بھی گھر جاتا ہوں
میں تو خود حیران ہوں آخر
ایک تجھے ملنے کی خاطر
چلتی ہوئی گاڑی سے جانے
کیسے اُتر جاتا ہوں

(مارچ/۱۹۹۸ء)

○

گنے چُنے تو ہمسائے ہیں، آج کا پہلا دن اور تُو اور میں
تینوں ساتھ نکل آئے ہیں، آج کا پہلا دن اور تُو اور میں

دُھوپ بھرے پیڑوں کو کیسی چھاؤں بھری خوشبُو پہنائی ہے
کِن شاخوں پر لہرائے ہیں، آج کا پہلا دن اور تُو اور میں

کس نے کس کا دھیان رکھا، کتنے دُکھ بانٹے یاد نہیں لیکن
آوارہ ہی کہلائے ہیں آج کا پہلا دن اور تُو اور میں

یہ جو رات سے دن اور تجھ سے روشنی مجھ سے سائے پھوٹتے ہیں
سب اظہار کے پیرائے ہیں، آج کا پہلا دن اور تُو اور میں

شام ہوئی زخمی آوازوں کا جنگل خاموش ہوا، اور پھر
لہولہان ہی گھر آئے ہیں آج کا پہلا دن اور تو اور میں

(جنوری/۱۹۹۶ء)

◯

ستم کی رات کو جب دن بنانا پڑتا ہے

چراغِ جاں سرِ مقتل جلانا پڑتا ہے

اُٹھانا پڑتا ہے پلکوں سے رَت جگوں کا خُمار

پھر اس خُمار سے خود کو بچانا پڑتا ہے

کسی کی نیند کسی سے بدلنی پڑتی ہے

کسی کا خواب کسی کو دِکھانا پڑتا ہے

کسی سے پوچھنا پڑتا ہے اپنے گھر کا پتا

کسی کو شہر کا نقشہ دِکھانا پڑتا ہے

نہ جانے کون سے ناٹک کا ہم ہُوئے کردار
کہ جی نہ چاہے مگر مسکرانا پڑتا ہے

بگڑ رہا ہے کچھ ایسا توازنِ ہستی
کسی کا بوجھ کسی کو اُٹھانا پڑتا ہے

کوئی کسی کے کہے سے کبھی رُکا ہی نہیں
وہاں رُکا ہے جہاں آب و دانہ پڑتا ہے

وہ ایک پَل کی مُسافت پہ تھا مگر مجھ سے
نہ جانے کس نے کہا تھا زمانہ پڑتا ہے

عجیب طرح سے اُس نے بنائی ہے دُنیا
کہیں کہیں تو یہاں دِل لگانا پڑتا ہے

(اپریل/۱۹۹۸ء) پانچواں شعر ۲۰۱۳ء

○

چاہے قاتل ہی کیوں نہ کہلاؤ
تم کو تو نام چاہیئے اور بس

(دسمبر/۱۹۹۶ء)

○

اک رہ گزر پہ خود کو تماشا کیے ہُوئے
بیٹھا ہے دِل و غُبار کو رستہ کیے ہُوئے

جیسے ہجومِ خلقِ خُدا اُس کے ساتھ ہے
پھرتا ہے سارے شہر کو تنہا کیے ہُوئے

اِک لہر جسم و جاں سے گزرتی ہے اِن دنوں
دریا کو پیاس، پیاس کو صحرا کیے ہُوئے

چل اُس سے مانگتے ہیں دلِ ناتواں کی خیر
اِک عُمر ہوگئی ہے تقاضا کیے ہُوئے

تو ہے، نہیں ہے، کون یہ سوچے، مگر میں ہُوں
محفل کو تیری یاد میں بَر پا کئے ہُوئے

ٹھہری ہوئی ہے روزنِ زنداں میں پھر ہَوا
بکھرے ہوؤں کی خاک کو یکجا کئے ہُوئے

بیٹھا ہے عشق مسندِ انکار پر سلیمؔ
ترکِ رسوم و ترکِ تمنّا کئے ہُوئے

(ستمبر/۱۹۹۹ء)

○

تیرے کہنے پہ کہاں ہم دلِ سادہ نکل آئے
وقت کم رہ گیا اور کام زیادہ نکل آئے

یوں تو ہر عہد نبھایا ہے مگر دیکھتے ہیں
کاسۂ یاد سے شاید کوئی وعدہ نکل آئے

(اکتوبر/۱۹۹۶ء)

○

تجھ کو چُھوکر جو گُزرتی چلی گئی
بُوئے گل اور نکھرتی چلی گئی

جب بھی چاہا کہ سمیٹوں خود کو
کوئی شے مجھ میں بکھرتی چلی گئی

پہلے تو آسماں سَر پر نہ رہا
پھر مرے پاؤں سے دھرتی چلی گئی

پھر سمندر سے کوئی لہر اُٹھی
اور مرے دل میں اُترتی چلی گئی

دُھوپ دیوار سے اُتری بھی نہ تھی
شام آنگن میں بکھرتی چلی گئی

خُوئے تسلیم عَجب تھی مجھ میں
جو ہر ایک شے سے مُکرتی چلی گئی

وہ تری راہ گُزر تھی ہی نہیں
خلق جس راہ میں مرتی چلی گئی

وقت ٹھہرا ہُوا محسوس ہُوا
اور مری عُمر گُزرتی چلی گئی

(اپریل، مئی ۲۰۰۳/ء)

○

توڑ دیتا ہے بدن لذتِ اشیاء کا خُمار
لوگ مرجاتے ہیں بازار سے گھر آتے ہوئے

(اپریل ۱۹۹۶/ء)

○

اِس بار دِل نے تجھ سے نہ ملنے کی ٹھانی ہے
پر میں نے کب کسی کی کوئی بات مانی ہے

پہلے بھی سارے جمع ہوئے تھے مرے خلاف
اب کے بھی دُشمنوں نے ہزیمت اُٹھانی ہے

اِک صبح تیرے ساتھ نکلنا ہے رات سے
اِک شام تیرے ساتھ کسی دِن منانی ہے

اِک بھید کھولنا ہے مجھے تیرے روبرو
اِک بات ہے جو میں نے تجھی کو بتانی ہے

دریائے عشق فردا و امروز سے الگ
ٹھہرا ہوا ہے اور بَلا کی روانی ہے

یاد آیا مہرومہ سے گُزرتے ہوئے مجھے
یہ رہ گُزر تو میرے سَفر کی نشانی ہے

آباد مستقل کوئی ہوتا نہیں یہاں
اب تک تو اِس مکاں میں وہی لامکانی ہے

مجھ کو بھی تارے توڑ کے لانے کا ہے جنُوں
میں نے بھی آسماں کی بہت خاک چھانی ہے

اِک یاد محو ہونے لگی ہے تو یہ کھُلا
جو شے بھی زندگی میں ہے وہ آنی جانی ہے

اُس کے لئے بھی شہر بسانا ہے اِک مجھے
اپنے لئے بھی اِک نئی دُنیا بنانی ہے

جو کچھ میں لکھ رہا ہوں وہ رُوداد ہے مری
تم پڑھ سکو تو پھر یہ تمہاری کہانی ہے

کہتا ہے کوئی آ، اسے پھر سے لکھیں سلیم
یہ داستانِ عشق بہت ہی پُرانی ہے

(اکتوبر، دسمبر ۱۹۹۵ء)

○

جب کانٹوں سے شاخیں سج گئیں اُس نے گلاب اُتارے
پہلے تعبیریں بھیجی ہیں بعد میں خواب اُتارے

دل میں عشق کی لہر جگائی، لَب پر پیاس بچھائی
صحراؤں میں نقش بنائے اور سَراب اُتارے

دُنیاؤں کا ایک جہان آباد کیا، پھر اُس میں
چاند ستارے ٹانک دیئے مہر و مہتاب اُتارے

آہٹ کو دستک بننے سے پہلے گرد بنایا
اور پھر گرد بٹھانے کو آنکھوں میں سحاب اُتارے

کہیں کوئی اَن دیکھا موسم اشک بنا پلکوں پر
کہیں مجھے خوش رکھنے کو منظر شاداب اُتارے

میں اِک خالی ہاتھ اور خالی دل اور خالی دامن
مجھ میں امید کو روشن رکّھا اور اسباب اُتارے

اپنا اِک محبوب اُتارا، اُس نے ہر بستی میں
جب اُس کی توہین ہوئی تب اس نے عذاب اُتارے

(اکتوبر، نومبر/۲۰۰۵ء)

○

منزلیں گرد جو کرتا ہے ارادہ ہی تو ہے
اور یہ گرد مسافر کا لبادہ ہی تو ہے
ہاں اسی زعم میں گرتے چلے جاتے ہیں سوار
مار ہی لیں گے کبھی، صرف پیادہ ہی تو ہے

(اگست/۱۹۹۶ء)

محبّت کا اِک پہر

یہ جو پلکوں پہ رم جھم ستاروں کا میلہ سا ہے
یہ جو آنکھوں میں دُکھ سُکھ کے ساون کا ریلا سا ہے
یہ جو تیرے بنا، کوئی اتنا اکیلا سا ہے
زندگی تیری یادوں سے مہکا ہوا شہر ہے
سب مُحبّت کا اِک پہر ہے
ساحلوں پہ گھروندے بنائے تھے ہم نے، تمہیں یاد ہے
رنگ بارش میں کیسے اُڑائے تھے ہم نے، تمہیں یاد ہے
راستوں میں دیئے سے جلائے تھے ہم نے، تمہیں یاد ہے
آئینے کس طرح سے سجائے تھے ہم نے، تمہیں یاد ہے
کوئی خوشبو کا جھونکا اِدھر آ نکلتا کہیں
گُم ہے نیندوں کے صحرا میں خوابوں کا رستہ کہیں
ہر خوشی آتے جاتے ہوئے وقت کی لہر ہے
سب مُحبّت کا اِک پہر ہے

زندگی دُھوپ چھاؤں کا اک کھیل ہے، بھیڑ چھٹتی نہیں

اور اسی کھیل میں دن گزرتا نہیں، رات کٹتی نہیں

تم نہیں جانتے خواہشوں کی مُسافت سمٹتی نہیں

پیار کرتے ہوئے آدمی کی کبھی عمر گھٹتی نہیں

دل کی دہلیز پر عکس روشن ترے نام سے

رت جگے آئینوں میں کھلے ہیں کہیں شام سے

ایک دریا ہے چاروں طرف درمیاں بحر ہے

سب مُحبّت کا اِک پہر ہے

(۲۱ اگست/۲۰۰۱ء)

○

ملنا نہ ملنا ایک بہانہ ہے اور بس
تم سچ ہو، باقی جو ہے فسانہ ہے اور بس

لوگوں کو راستے کی ضرورت ہے، اور مجھے
اِک سنگِ رہ گزر کو ہٹانا ہے اور بس

مصروفیت زیادہ نہیں ہے مری یہاں
مٹی سے اِک چراغ بنانا ہے اور بس

سوئے ہوئے تو جاگ ہی جائیں گے ایک دن
جو جاگتے ہیں اُن کو جگانا ہے اور بس

تم وہ نہیں ہو جن سے وفا کی اُمید ہے
تُم سے مری مُراد زمانہ ہے اور بس

پُھولوں کو ڈُھونڈتا ہوا پھرتا ہوں باغ میں
بادِ صَبا کو کام دِلانا ہے اور بس

آب و ہوا تو یوں بھی مرا مسئلہ نہیں
مجھ کو تو اِک درخت لگانا ہے اور بس

نیندوں کا رَت جگوں سے اُلجھنا یونہی نہیں
اِک خوابِ رائیگاں کو بچانا ہے اور بس

اِک وعدہ جو کیا ہی نہیں ہے ابھی سلیمؔ
مجھ کو وہی تو وعدہ نبھانا ہے اور بس

(فروری/مارچ ۲۰۰۱ء)

○

اِک ایسا موڑ آ گیا سفر میں، جہاں ٹھہرنا پڑا مجھے بھی
میں خود کو کتنا سمیٹتا تھا مگر بکھرنا پڑا مجھے بھی

میں آدمی کی ہَوس میں دُنیا سے پیار کرتا رہا ہوں اتنا
اگر یہ رستے میں آ گئی ہے تو پاؤں دَھرنا پڑا مجھے بھی

وہ خود بھی تفصیلِ رنگ و بُو سے گُریز کرتا رہا ہے اکثر
بہت سی مُنہ زور خواہشوں کو ہلاک کرنا پڑا مجھے بھی

بس اِک ستارے کی لَو کو میں نے طلوع ہوتے ہوئے تو دیکھا
چراغ نے آئینے سے پھر کیا کہا، سنورنا پڑا مجھے بھی

سلیمؔ کوثر، اگر یہاں کوئی جی اُٹھا ہے تو جی اُٹھا میں
اگر یہاں کوئی مر گیا ہے تو ساتھ مرنا پڑا مجھے بھی

(فروری ۱۹۹۹ء)

میں تری آس بندھا سکتا ہوں میں ترا ہاتھ بٹا سکتا ہوں
یہی نہیں ترے سُونے مَن میں پیار کی جوت جگا سکتا ہوں

تُو نہیں جانتا فطرت نے مجھے اپنے رنگ میں رنگ دیا ہے
میں نئے خواب دِکھا سکتا ہوں میں نیا شہر بسا سکتا ہوں

ابھی تو خود مجھ پر بھی میرے جنوں کی حیرت کُھلی نہیں ہے
پھر بھی میں ترے صحراؤں میں تنہا خاک اُڑا سکتا ہوں

ملے نہیں پَر اتنی بار تری آواز اور یاد آئی ہے
میں ترے دھیان کے رنگوں سے تیری تصویر بنا سکتا ہوں

(اکتوبر/۱۹۹۶ء)

○

یہ جو اِک انجمن آرائیِ زندانی ہے
خانۂ دل میں تری یاد کی مہمانی ہے

اِک نئی صبح کے وعدے پہ جو ڈوبا سرِ شام
وہ ستارا نہیں اُبھرا ہے تو حیرانی ہے

چادرِ اَبر میں لپٹا ہوا مہتاب بَدن
ستر پوشی بھی جسے باعثِ عُریانی ہے

اتنی کم فہم کہاں تھی کبھی دُنیا پہلے
تجھ سے ملنے کو سمجھتی ہے کہ نادانی ہے

ہر طرف بھیڑ نظر آتی ہے بازاروں میں
نہیں معلوم گرانی ہے کہ اَرزانی ہے

صرف لا حاصلی کا دُکھ نہیں لوگوں کو یہاں
ایسے بھی ہیں جنہیں حاصِل کی پریشانی ہے

کاش تو جانتا اظہارِ صداقت کے لئے
اتنی دُشواری نہیں جتنی کہ آسانی ہے

رفتہ رفتہ کوئی شے کم ہوئی جاتی ہے سلیمؔ
یوں تو کہنے کو ہر اک شے کی فراوانی ہے

نیویارک (وکیل انصاری کے گھر) اگست/۲۰۰۰ء

وصال

تیری آواز کی بارش میں اگر میں ہی نہیں بھیگ سکا
تیری بانہوں کے اُجالوں بھرے اِن دائروں میں
میں ہی اگر رقص نہیں کر پایا
تیری پیشانی ترے لب ترے رُخسار
اگر میں ہی نہیں چوم سکا
تیرا آئینہ بھی جذبوں کو اگر عکس نہیں کر پایا
کام دل جوڑنے کا تو بھی جو اے شخص، نہیں کر پایا
پھر تو سب رائیگاں ہے
یہ ترا حسن
ترے حسن کی دہلیز پہ رکھی ہوئی دن رات کی رَو
اور اس رَو کی گرفتاری پہ مامور ترے حُسن کی لَو
اور اس لَو سے اُلجھتی ہوئی بے مہر ہوا
وقت کی بے مہر ہوا
تو نہیں جانتا اقدار کی پامالی کو
کیسے جادُو بھرے آنگن تھے جو سنسان ہوئے
کیسے پُرنور دریچے تھے جو بے جان ہوئے

کیسے سایوں سے لدے پیڑ تھے جو کاٹ دیئے
کیسے آباد محلے تھے جو ویران ہوئے
تو نہیں جانتا اندر کی زبوں حالی کو
ہنسنے والی تھی کوئی آنکھ کہ نم ناک ہوئی
رونقِ شہرِ نگاراں خس و خاشاک ہوئی
اہلِ دل جس پہ نکل آتے تھے ملنے کے لئے
کس قدر سہل تھی وہ راہ جو پیچاک ہوئی
کیا خلا تھے
کہ جو تسخیر نہیں ہو پائے
کیا فضائیں ہیں
جہاں عشق کمندیں ڈالے
منتظر ہے کہ کوئی آئے
مگر کون آئے
یہ جو اِک درد مہکتا ہے مرے سینے میں
یہ جو اِک دُکھ سا چھلکتا ہے تری آنکھوں سے
یہ جو اِک نیند اُلجھتی ہے مری راتوں سے
یہ جو اک دُھول سی اُڑتی ہے ترے رستے میں

سب مُحبّت کے نہ ہونے ہی سے ہے
یہاں ہنسنا بھی تو رونے ہی سے ہے
جو بھی حاصل ہے وہ کھونے ہی سے ہے
کچھ تو ہم رائیگاں ہونے سے بچا سکتے ہیں
اس سے پہلے کہ کوئی گھاؤ لگے
اس سے پہلے کہ کوئی زخم کھلے
اس سے پہلے کہ کوئی ٹوٹ گرے
اپنے دُشمن کو بھی سینے سے لگا سکتے ہیں
کچھ تو ہم رائیگاں ہونے سے بچا سکتے ہیں
اپنی آواز کی بارش میں مجھے بھیگنے دے
اپنی بانہوں کے اُجالوں بھرے اِن دائروں میں
رقص مجھے کرنے دے
ان خلاؤں میں کہیں پاؤں مجھے دھرنے دے
مجھ میں اِک چاند ہے تو اپنے ستارے لے آ
مرے ساحل کے قریب اپنے کنارے لے آ

(اگست/۱۹۹۵ء)

○

سَحر کو چاند اور شب کو سُورج نکلنے والا ہے کچھ دنوں میں
اُداس مت ہو، یہاں بہت کچھ بدلنے والا ہے کچھ دنوں میں

جو عکس آنکھوں میں جم گیا تھا وہ اب کی بارش میں دُھل گیا ہے
جو سنگ سینے میں دُکھ رہا ہے پگھلنے والا ہے کچھ دنوں میں

وہ جس کی وحشت سے کاروبارِ جنُوں کا بازار چل رہا ہے
مجھے یہ دُکھ ہے وہ آدمی اب سنبھلنے والا ہے کچھ دنوں میں

بہت دنوں تک سلیم تاثیرِ آب و گِل یہ نہیں رہے گی
دِیا اندھیروں سے، پیڑ سائے سے جلنے والا ہے کچھ دنوں میں

(اپریل ۱۹۹۹ء)

بُلندی پہ جو یہ ستارے بنائے گئے ہیں
مری دسترِس کے اشارے بنائے گئے ہیں

مجھے پڑھنے لکھنے پہ مامور کرنے سے پہلے
زمیں آسماں کے شُمارے بنائے گئے ہیں

چُھپانے کی خاطر ہی ظاہر کیا اُس نے خُود کو
سو تمثیل اور اِستعارے بنائے گئے ہیں

مرے پار اُترنے کو طوفان بھیجے گئے تھے
مرے ڈُوبنے کو کنارے بنائے گئے ہیں

مجھے ہی مُنافع کی تفصیل جاری ہوئی ہے
مرے واسطے ہی خسارے بنائے گئے ہیں

ہمیشہ کوئی بھی نہیں اِن میں رہتا ہے لیکن
ہمیشہ محَل اور منارے بنائے گئے ہیں

تو پھر ایک تنکے کا بھی آسرا کس لئے ہو
اگر ٹوٹنے کو سہارے بنائے گئے ہیں

تصرّف میں کچھ بھی نہیں ہے مرے اور پھر بھی
مرے نام سے گوشوارے بنائے گئے ہیں

(جون/۱۹۹۸ء)

○

اے مرے شہسوارِ آئندہ
میں ہُوں تیرا غُبارِ آئندہ

میرے اطراف لمحۂ موجود
کھینچتا ہے حصارِ آئندہ

صبحِ امروز کے دھندلکوں میں
گم ہُوئی رہ گُزارِ آئندہ

یہ خزاں خیر سے گُزر جائے
دیکھنا تم بہارِ آئندہ

زندگی تیری ہار جیت پہ ہے
جو بھی ہے کاروبارِ آئندہ

آ مِری پُر اُمید آنکھوں میں
دیکھ نقش و نگارِ آئندہ

تیری کچھ تو صفات ہیں مجھ میں
کر مجھے بھی شمارِ آئندہ

حال اَحوال جانتا ہے مرا
جس کو ہے اختیارِ آئندہ

یہ شراب اپنے میکدے کی نہیں
ہوش کر مۓ گُسارِ آئندہ

سارے عُجلت پسند کھینچتے ہیں
دامنِ انتظارِ آئندہ

رفتگاں کے دیئے جلاتا ہے
کوئی بیٹھا کنارِ آئندہ

آج تیری بہت ضرورت ہے
اے مرے غم گُسارِ آئندہ

ایک پَل کا یقین بھی ہے بہت
کیا سلیمؔ اعتبارِ آئندہ

(مئی، جون/۲۰۰۲ء)

○

میں اُسے تجھ سے ملا دیتا، مگر دِل میرے
میرے کچھ کام نہیں آئے وسائل میرے

وہ جُنوں خیز مُسافت تھی کہ دیکھا ہی نہیں
عُمر بھر پاؤں سے لپٹی رہی منزل میرے

تو مِلا ہے تو نکل آئے ہیں دُشمن سارے
وقت کِس کِس کو اُٹھا لایا مُقابل میرے

ابرِ گریہ نے وہ طوفان اُٹھائے اب کے
میرے دریاؤں کو کم پڑ گئے ساحل میرے

جتنا حل کرتا ہوں اتنا ہی بگڑ جاتے ہیں
تو نہیں جانتا اے دوست مسائل میرے

عشق میں ہار کے معنی ہی بدل جاتے ہیں
تُجھ کو معلُوم نہیں ہے ابھی قاتل میرے

ایک بے انت سفر میرا مقدر ہے سلیمؔ
مجھ میں طے کرتا ہے یہ کون مراحل میرے

(اگست/ستمبر، ۲۰۰۰)

○

نہ جی بھرے ہے نہ آنکھیں تھکیں نہ دِن نکلے
یہ رَت جگا ہے کوئی خواب ہے کہ دُنیا ہے
(مارچ/۱۹۹۵ء)

○

باہر مینہ برسایا اور مرے اندر آگ لگادی
آج تو اُس نے اَن دیکھے جذبوں کی شکل بنادی

اِک لمحے کی دستک نے صدیوں کے دَر کھولے ہیں
ایک کرن کی آہٹ نے سُورج کو راہ دکھا دی

کب سے شور مچاتا دریا رستہ کاٹ رہا تھا
بس اِک لہر کی سرگوشی نے کشتی پار لگادی

اُس نے بھی اظہار کی شدت میں چپ سادھے رکھّی
میں نے بھی کچھ کہنے کی خواہش میں بات چُھپادی

اُس نے بھی خالی منظر کے عکس کو دھیان میں رکھّا
یادوں کی دیوار سے میں نے بھی تصویر بنادی

مجھ میں اور ہی جلوؤں کی تمثیل ہے میں وہ کب ہوں
تیری ایک جھلک پر جس نے ساری عُمر گنوادی

اس وحشت میں ہنستے بستے جیون دُھول ہُوئے ہیں
اُس نے اِک دیوار اُٹھادی میں نے ایک گرادی

(اپریل ۱۹۹۴ء)

○

پہلے شکوہ تھا، یہاں رونقِ بازار نہیں
اب جو بازار کھلے ہیں تو خریدار نہیں

سب کے ہاتھوں میں یہاں زہر پیالہ ہے مگر
کوئی سچ بولنے کے واسطے تیار نہیں

(جولائی ۱۹۹۵ء)

آخر ایسا کیوں ہوتا ہے

تم بھی سچ ہو
جو کچھ تم کہتے ہو، وہ بھی سچ ہے
میں بھی سچ ہوں
جو کچھ میں کہتا ہوں وہ بھی سچ ہے
پھر یہ جھوٹ
کہاں سے ہم دونوں کے بیچ میں دَر آتا ہے
خون کے آنسو رُلواتا ہے

(۱۳اگست ۲۰۰۰ء)

◯

بدن کی پیاس بُجھی پیاس کو اُبھارنے میں

تو رُوح زندہ ہوئی خواہشوں کو مارنے میں

لپٹ گیا جو کبھی تجھ سے رنگ و بُو کا ہجوم

بِکھر گیا ہے تری ناز کی سہارنے میں

نہ نیند آئی نہ خوابوں کا سلسلہ ٹوٹا

ترے خیال کی گنجائشیں اُبھارنے میں

اور اَب کبھی مجھے فرصت ملی تو آؤں گا

کہ تُو نے دیر لگا دی مجھے پُکارنے میں

(جون/۱۹۹۶ء)

○

یہ سیلِ گریہ غُبارِ عصیاں کو، دھو بھی سکتا ہے اور نہیں بھی
کوئی کہیں چُھپ کے رونا چاہے، تو رو بھی سکتا ہے اور نہیں بھی

یہاں بکھرنے کا غم سمٹنے کی لذّتیں مُنکشف ہیں جس پر
وہ ایک دَھاگے میں سارے موتی پرو بھی سکتا ہے اور نہیں بھی

جسے ہواؤں کی سَرکشی نے بچا لیا دُھوپ کی نظر سے
وہ ابرِ آوارہ دامنِ دل، بھگو بھی سکتا ہے اور نہیں بھی

یہ میں ہوں تم ہو، وہ ایلچی ہے، غلام ہیں اور وہ راستہ ہے
اب اِس کہانی کا کوئی انجام، ہو بھی سکتا ہے اور نہیں بھی

ترے لئے عشق جاگتا ہے، ترے لئے حُسن جاگتا ہے
سو اب تو چاہے تو اپنی مرضی سے، سو بھی سکتا ہے اور نہیں بھی

یہاں ارادے کو جبر پر، اختیار حاصل رہا تو اتنا
کوئی کسی کا جو ہونا چاہے تو ہو بھی سکتا ہے اور نہیں بھی

نئی مسافت کے رَت جگوں کا خُمار کیسا چڑھا ہوا ہے
سلیمؔ کوثر یہ نشّہ تم کو ڈُبو بھی سکتا ہے اور نہیں بھی

(دسمبر/۲۰۰۰ء)

○

مرا ملنا کوئی مشکل نہیں ہے
تو جب چاہے مجھے زنجیر کر لے

کوئی جادُو نہیں چلتا ہے مجھ پر
محبت سے مجھے تسخیر کر لے

(جنوری/۱۹۹۹ء)

خود شہر میں اِک پَل بھی سکونت نہیں کرنا
اور ہم سے یہ کہتے ہو کہ ہجرت نہیں کرنا

کچھ کام ضروری ہیں بغیر اُس کی اجازت
کچھ کام بغیر اُس کی اجازت نہیں کرنا

ہم لوگ تو خوشبو کی طرح ہیں ترے اطراف
ہم سادہ دِلوں سے تو سیاست نہیں کرنا

میں خود کو میسّر نہیں آیا ہوں ابھی تک
تُم سے بھی نہ مل پاؤں تو حیرت نہیں کرنا

تُم کہتے ہو بس میں نے تمہیں ٹوٹ کے چاہا
ایسا ہے تو اب تُم بھی رعایت نہیں کرنا

اوروں کے دَر و بام بُجھانا نہیں ہرگز
اور اپنے دَر و بام سے غفلت نہیں کرنا

ویرانیٔ دل چیختی رہتی ہے کہ اب کے
اِس گھر میں وہ آئے جسے رخصت نہیں کرنا

وہ خود ہی گرفتارِ مکافاتِ عمل ہے
اُس کی طرف انگشتِ شہادت نہیں کرنا

(جولائی، اگست ۱۹۹۷ء)

○

ہم اپنے رات دن محسوس کرنا چاہتے ہیں
ہمیں خود جاگنے سونے کی عادت ڈالنے دے

(۱۹۹۵ء)

آتشیں خواب

کبھی محلّے کی جن دُکانوں سے ہم
کھلونے، کہانیاں، ٹافیاں، کتابیں
قلم دَواتیں خریدتے تھے
ہمارے بچّے
اب اُن دُکانوں سے
آتشیں خواب لا کے آپس میں بانٹتے ہیں
اور اُن کی تعبیر دیکھنے کو
لہو میں ڈوبی
سیاہ راتوں کی بند گلیوں میں جاگتے ہیں

(۲۳ مئی ۲۰۰۱ء)

○

سراسر نفّع تھا لیکن خسارہ جا رہا ہے
تو کیا جیتی ہوئی بازی کو ہارا جا رہا ہے

سَفر آغاز کرنا تھا جہاں سے زندگی کا
ہمیں اُن راستوں سے اب گُزارا جا رہا ہے

یہ کِن کے پاس گروی رکھ دیا ہم نے سمندر
یہ کِن لوگوں کو ساحل پر اُتارا جا رہا ہے

اُسے جو بھی ملا، بچ کر نہیں آیا ابھی تک
مگر جو بچ گیا، ملنے دوبارہ جا رہا ہے

سلؔیم اِک آخری مضمون باقی تھا کہ چھَپنے
مری رُسوائی کا تازہ شمارہ جا رہا ہے

(ستمبر/ ۱۹۹۷ء)

○

رستے کئی نکل پڑے، منزل کے بعد بھی
لا حاصلی کی گرد ہے حاصل کے بعد بھی

کتنے چراغ جلتے رہے کتنے بُجھ گئے
محفل کا رنگ رہتا ہے محفل کے بعد بھی

اِک دِل تھا اُس کی نذر کیا میں نے اور اب
مُجھ میں دھڑک رہا ہے کوئی دِل کے بعد بھی

حیرت ہے کیسے اپنے موقّف پہ ڈَٹ گیا
وہ انکشافِ نیّتِ قاتل کے بعد بھی

قدموں سے آ کے ریت لپٹتی رہی سلیمؔ
اِک لہر ڈھونڈتی رہی ساحل کے بعد بھی

(مئی ۲۰۰۲ء)

○

بچھائے جال، کہیں جمعؔ آب و دانہ کیا
پھر اُس نے سارے پرندوں کو بے ٹھکانہ کیا

میں تیرا حُکم نہیں ٹالتا، مگر مجھ میں
نہ جانے کون ہے جس نے ترا کہا نہ کیا

بجز یقیں کوئی چارہ نہیں رہا مرے پاس
کہ پہلی بار تو اُس نے کوئی بہانہ کیا

ملے جو غم تو اُنہیں اپنے پاس ہی رکّھا
خوشی ملی ہے تو تیری طرف روانہ کیا

میں مُشتِ خاک ستاروں کا ہم نوا ٹھہرا
میں ایک پَل تھا اور اس نے مجُھے زمانہ کیا

(جنوری/۲۰۰۲ء)

ہَوا بند ہے

ہَوا بند ہے
سانس آتی نہیں
اِس قدر شور ہے
کوئی آواز کانوں میں آتی نہیں
کب سے تازہ گُلابوں کی شَاخوں پہ
کلیوں کو کِھلنے کی مُہلت نہیں مِل رہی
شہر میں تُم بھی ہو ہم بھی ہیں
پھر بھی دونوں کو مِلنے کی فُرصت نہیں مِل رہی
سب کے سب جبر کی حالتوں میں جیئے جا رہے ہیں
کسی کو بھی اپنی مُحبّت نہیں مِل رہی
ہَوا بند ہے سانس آتی نہیں
اِس قدر شور ہے
کوئی آواز کانوں میں آتی نہیں

(اکتوبر/۲۰۰۰ء)

یاد

لہر سے لہر ملے
شاخِ دل پر گُلِ اُمید کِھلے
اور کچھ دیر ہوا خیمۂ جاں میں رہ لے
اَن کہی بات کی خوشبُو پھیلے
آس کے دیپ جلیں
نیند پلکوں پہ ستارے رَکھ دے
اِس طرح ٹوٹ کے یادوں بھرا ساون برسے
رنگ سارے نکل آئیں گھر سے

(اکتوبر ۱۹۹۴ء)

دُھوپ میں سایا کہیں سائے کو آباد رکھے گا
زندگی کون تُجھے ایسے مرے بعد رکھے گا

دین و دنیا سے کسی طرح بہلتا ہی نہیں تُو
شاد کیسے تجھے کوئی دلِ ناشاد رکھے گا

اُس نے حد کھینچی یہ کہہ کر مرے اطراف کے اب وہ
میرے امکان کی حد تک مجھے آزاد رکھے گا

چشمِ بے تاب کو اُمید بہت ہے، تُو کسی دن
آئے گا اور نئے خواب کی بُنیاد رکھے گا

ہم تری مانگ ستاروں سے بھرے جائیں گے اور تُو
عشق کے نام پہ یوں ہی ہمیں برباد رکھے گا

پُھول تک شاخ سے توڑا نہیں میں نے تو کبھی بھی
میرا مولا مرے بچّوں کو بھی آباد رکھے گا

تم سلیمؔ اُنؐ کے رہو جنؐ کے زمانے ہیں یہ، ورنہ
اتنا مصروف زمانہ ہے کسے یاد رکھے گا

(مئی رجون ۲۰۰۵ء)

اندھیرا خود ہی اُجالے میں ڈھلنا چاہتا ہے
وہ حَبسِ شب ہے کہ سُورج نکلنا چاہتا ہے
اب انتظار کے موسم بدل گئے ورنہ
چراغ اب بھی مُنڈیروں پر جلنا چاہتا ہے

(نومبر ۱۹۹۸ء)

○

اِک تعلّق جو خامشی سے ہُوا

شور عالم میں پھر اُسی سے ہُوا

ایسا لگتا ہے اِس جہان کے بیچ

ہر اضافہ کسی کمی سے ہُوا

اُس نے بھڑکا دیا ہے شعلۂ خاک

وہ اندھیرا جو روشنی سے ہُوا

اُس کو بھرتی ہے میری نادانی

جو خلا تیری آگہی سے ہُوا

عشق میں بھی نہ جی لگا اب کے
کارِ دُنیا بھی بے دِلی سے ہُوا

لاکھ رستہ بدل کے دیکھ لیا
آنا جانا اُسی گلی سے ہُوا

بے ارادہ کِھلا ہے موسمِ دل
یہ تغیّر تری ہنسی سے ہُوا

کیسے پتھر پگھل رہے ہیں سلیم
چلیئے اتنا تو شاعری سے ہُوا

(اگست رستمبر ۱۹۹۴ء)

○

بدل دیا گیا آخر بیان تک میرا
خرید لی گئیں آخر گواہیاں میری
(جنوری ر۱۹۹۸ء)

○

تُجھ سے بڑھ کر کوئی پیارا بھی نہیں ہوسکتا
پَر ترا ساتھ گوارا بھی نہیں ہوسکتا

راستہ بھی غلط ہوسکتا ہے منزل بھی غلط
ہر ستارا تو ستارا بھی نہیں ہوسکتا

پاؤں رکھتے ہی پھسل سکتا ہے مٹّی ہو کہ ریت
ہر کنارا تو کنارا بھی نہیں ہوسکتا

اُس تک آواز پہنچنی بھی بڑی مشکل ہے
اور نہ دیکھے تو اشارہ بھی نہیں ہوسکتا

تیرے بندوں کی معیشت کا عجب حال ہوا
عیش کیسا کہ گُزارا بھی نہیں ہوسکتا

اپنا دُشمن ہی دکھائی نہیں دیتا ہو جسے
ایسا لشکر تو صف آرا بھی نہیں ہوسکتا

پہلے ہی لذّتِ انکار سے واقف نہیں جو
اُس سے انکار دوبارہ بھی نہیں ہوسکتا

حُسن ایسا کہ چکا چوند ہوئی ہیں آنکھیں
حیرت ایسی کہ نظارا بھی نہیں ہوسکتا

چلیئے وہ شخص ہمارا تو کبھی تھا ہی نہیں
دُکھ تو یہ ہے کہ تمہارا بھی نہیں ہوسکتا

دُنیا اچھّی بھی نہیں لگتی ہم ایسوں کو سلیمؔ
اور دُنیا سے کِنارا بھی نہیں ہوسکتا

(مارچ، اپریل/۲۰۰۵ء)

○

کشتِ جاں میں یاد کا صحرا کِھلا
شاخِ مژگاں پر گلِ گریہ کِھلا

(جون/۱۹۹۵ء)

فرار

ٹوٹے پھوٹے وعدوں سے
خوش فہمیوں کا کشکول سجائے
مجھ میں رہنے کی خاطر تم آئے
اس سے پہلے میں دروازہ کھولوں
کچھ بولوں
افواہوں کی گرد میں لپٹے زہر آلود محبت نامے لئے ہوئے تم

اُدھڑے ہوئے رشتوں کے جامے سئے ہوئے تم
مجھ میں آن سمائے
میں رہنے کے لئے بنا ہوں
جو آئے مجھ میں رہ جائے
مجھے سجائے

جتنا پیار کرے اُتنا سُکھ پائے
تم سے پہلے بھی کچھ لوگ یونہی آئے تھے

اپنے اندر، مجھ میں تبدیلی کے خواب سجالائے تھے

اور پھر اِک دن

جس نے جو بھی عہد کیا وہ توڑ دیا

جس نے جو بھی بات کہی وہ ردّ کردی

لیکن تم نے تو حد کردی

میرے دن ویران ہوئے ہیں

میری صبح کے چہرے پر کتنی راتوں کے زخم لگے ہیں

میری شام اُداس کھڑی ہے

میرے اُفق پر سُورج لہولہان پڑا ہے

دیواروں سے خوں رِستا ہے

دروازوں سے میرا اِک اِک راز عیاں ہے

میرے صحن میں دُشمن کی سازش رقصاں ہے

سُنا ہے اب اِس حال میں مجھ کو چھوڑ کے تم جانے والے ہو

میرے باہر بیٹھ کے میری یاد کا غم کھانے والے ہو

تم سے اور اُمید بھی کیا ہو

تم بھی تو دنیا والے ہو

جب تک عشق سے عشق نہیں ملتا، تنہا دُکھ سہنا ہے

گھر کی فکر تو اس کو ہوگی، جس کو گھر میں رہنا ہے

(جون/۱۹۹۶ء)

○

آگ، ہوا، مٹّی اور پانی، چُھوکر دیکھنا چاہتے ہو تم
اور کہاں تک جذبوں کا پس منظر دیکھنا چاہتے ہو تم

ننگے فرش پہ بے چہرہ یادوں کے زخم اُبھر آتے ہیں
جس پر نیند نہیں آتی، وہ بستر دیکھنا چاہتے ہو تم

فردا کی بے رحم ہوا نے، کیسا لیروں لیر کیا
جو وعدوں سے بُنی ہوئی تھی چادر، دیکھنا چاہتے ہو تم

جس کھڑکی کے شیشوں اور پَردوں میں کوئی فرق نہیں ہے
اُس کھڑکی سے میرے ساتھ سَمُندر دیکھنا چاہتے ہو تم

تم یہ دیکھنا چاہتے ہو، میں ظُلم کہاں تک سہہ سکتا ہوں
صُورتِ حال کو اندازے سے باہر دیکھنا چاہتے ہو تم

اِک لمحے کی غفلت بھی صدیوں تک جھیلنی پڑ جاتی ہے
اپنے گھر میں کیوں دُشمن کا لشکر دیکھنا چاہتے ہو تم

ہرے بھرے اِک پیڑ سے لکڑی، کوئلہ اور اب راکھ ہُوا ہُوں
مُجھ میں کب تک جلتے شہر کا منظر دیکھنا چاہتے ہو تم

میں گلیوں میں سُورج، چاند، ستارے بانٹنے والا شاعر
کیا مِرے پاؤں میں صحرا، ہاتھ میں پتّھر دیکھنا چاہتے ہو تم

(جون/جولائی ۱۹۹۵ء)

○

وہ جن کو زندگی سے بہت پیار تھا سلیم
وہ لوگ زندگی کی حراست میں مر گئے

(نومبر/۲۰۰۵ء)

〇

عجب سفر ہے عجب حالتِ سفر میری
کہ منزلوں سے نکلتی ہے رہ گُزر میری

دُوبارہ مجھ کو بنانا پڑے گا گھر شاید
شکستہ ہوگئی تعمیرِ بام و دَر میری

اِک آفتاب ہے دیوارِ خواب کے اُس پار
اُلجھ رہی ہے کہیں رات سے سحر میری

میں آنے والے زمانوں کی بازگشت میں ہوں
مگر کسی کو نہیں ہے ابھی خبر میری

مجھے سمیٹے ہے اِک ہاتھ اور دُوسرا ہاتھ

اُڑا رہا ہے کہیں خاک دربدر میری

مگر یہ بات کہاں جانتی ہے وقت کی دُھوپ

کہ راہ دیکھتا رہتا ہے اِک شجر میری

میں طاقِ عشق پہ رکھّا ہُوا زمانہ ہوں

بنا ہی دے گا کوئی شکل کُوزہ گر میری

(دسمبر ۲۰۰۲ء)

◯

بھول جاؤ تو یاد کیا کرنا

یاد آجاؤں تو دُعا کرنا

(فروری ۲۰۰۰ء)

تنہائی وہ اور میں

وہ کہتا ہے
اُس کے پاس چُھپانے کو
کوئی راز نہیں ہے
کہنے کو
کوئی بات نہیں ہے
کرنے کو
کوئی کام نہیں ہے
اِسی لئے تو اُس کا.....کوئی دوست نہیں ہے
میں کہتا ہوں
میرے پاس چُھپانے کو بھی راز بہت ہیں
کہنے کو باتیں ڈھیروں ہیں
کرنے کو بھی کام کئی ہیں
پھر بھی کوئی دوست نہیں ہے
یہاں کسی سے میری عُمر کا کوئی بھی لمحہ چُھپا نہیں ہے
اوروں کی تو بات الگ ہے
میرے جاننے والوں کو بھی میرے دُکھوں کا پتہ نہیں ہے

(جنوری ۱۹۹۹ء)

○

لہر ہی کوئی اُٹھی اور نہ لگن لے آئی
تیری دیوار کے سائے میں تھکن لے آئی

میری آواز تھی ہنگامۂ تنہائی میں گُم
ڈُھونڈ کر مُجھ کو تری بزمِ سُخن لے آئی

پہلے بارش نے دریچوں میں ترے خواب رکھے
پھر کہیں سے تری خوشبوئے بدن لے آئی

جس طرف دیکھنے والا بھی نہیں تھا کوئی
اس طرف بھی مجھے گنجائشِ فن لے آئی

سیر و سیّاحتِ دُنیا کو میں جب بھی نکلا
یادِ جاناں کی طرف یادِ وطن لے آئی

(اگست/۱۹۹۹ء)

○

دیئے کی لَو میں آئینِ ہَوا رکھّا ہوا ہے
مکافاتِ عمل کا سلسلہ رکھّا ہوا ہے

یہ تو ہے اور یہ تیرے عکس کی پرچھائیاں ہیں
یہ میں ہوں اور یہ میرا آئینہ رکھّا ہوا ہے

بظاہر تو زمیں سے آسماں ملتا ہے لیکن
تعلّق میں کہیں اِک فاصلہ رکھّا ہوا ہے

کہاں، کس حال میں، کیسا ہے وہ، سب جانتے ہیں
خیال اِک شخص کا بے انتہا رکھّا ہوا ہے

نہ جانے کب ملیں گی ہم سے وہ آنکھیں کہ جن میں
ہمارے نام کا اِک رَت جگا رکھّا ہوا ہے

نہ جانے کب کُھلیں گی ہم پہ وہ راہیں کہ جن پر
مرا سجدہ تُمہارا نقشِ پا رکھّا ہوا ہے

توازن کے لئے ہر شَے میں اِک ترتیب رکھ دی
اِسی ترتیب نے ہم کو جُدا رکھّا ہوا ہے

عجب دیوارِ شہرت ہے کہ بُنیادوں میں جس کی
مری گم نامیوں کا سلسلہ رکھّا ہوا ہے

(جون/۱۹۹۴ء)

○

اس توقع پہ کہ ہم جاگتے ہیں
لوگ اب شہر میں کم جاگتے ہیں
(مئی/۱۹۹۸ء)

○

جہاں بھی ہے وہ، مِل کے آ جاؤں گا
اب اُٹھ کر یہاں سے میں کیا جاؤں گا

پرندوں کے ہمراہ اُڑتا ہُوا
کہیں بادلوں میں سَما جاؤں گا

جو باتیں بتانا ضروری نہیں
ضروری ہُوا تو بتا جاؤں گا

میں اِک لمحۂ گردشِ وقت ہوں
تم آواز دینا میں آ جاؤں گا

ابھی میں نے سوچا نہیں ہے مگر
جو سوچا ہے کر کے دِکھا جاؤں گا

اُدھر جو گیا پھر وہ آیا نہیں
کسی دن میں یہ بھید پا جاؤں گا

کبھی تیرے نیندوں بھرے شہر سے
مناتا ہوا رَت جگا جاؤں گا

جواب اُس کا کوئی ملے گا نہیں

سوال ایسا کوئی اُٹھا جاؤں گا

پُرانا ہُوا جب بھی نظمِ جہاں

کوئی نظم تازہ سُنا جاؤں گا

جہاں رُوح کی پیاس بُجھتی رہے

سبیل ایسی کوئی لگا جاؤں گا

بلاتا ہے تختِ سلیماں مجھے

کسی دن میں شہرِ سَبا جاؤں گا

اگرچہ کوئی جا نہیں ہے یہاں

مگر میں کوئی جا بنا جاؤں گا

اِسی طرح دُنیا میں رہتے ہوئے

میں دُنیا سے دامن بچا جاؤں گا

(جنوری،فروری/۲۰۰۶ء)

○

جب اُس جبیں پہ صبح کا تارا چمکتا ہے
مجھ میں نئے سَفر کا اِشارہ چمکتا ہے

سیرابیٔ بدن سے نہیں رُوح مطمئن
اِس فائدے میں کیسا خسارہ چمکتا ہے

لہروں میں ایک لہر ڈبوتی ہے ناؤ کو
اور دُوسری کے ساتھ کنارا چمکتا ہے

یوں زخم کِھل اُٹھے ہیں سَرابوں کی دُھوپ میں
صحرا، اِک آبلے ہی میں سارا چمکتا ہے

پسپا نہیں ہُوا میں اندھیروں سے جنگ میں
مجھ میں اِک آدمی تھکا ہارا چمکتا ہے

یوں ہے فروغِ مجلسِ شب میں ترا خیال
جیسے غزل کا تازہ شمارہ چمکتا ہے

اِک بار بُجھ گیا جو کہیں شعلۂ یقیں
پھر یہ بھڑکتا ہے نہ دُوبارہ چمکتا ہے

کارِ جہاں سے کارِ جُنوں ہارتا نہیں
میں خاک ہوگیا ہوں ستارا چمکتا ہے

کیسا نُمود و نام کہاں کی فضیلتیں
سب اُس کا فضل ہے جو ستارا چمکتا ہے

(نومبر ۱۹۹۵ء)

○

اِس قدر رات گئے کون ملاقاتی ہے
ایسا لگتا ہے کوئی یاد چلی آتی ہے

میں نے چاہا نہ کہا اور نہ کبھی خواہش کی
تیرے کوچے میں تری آب و ہوا لاتی ہے

یہ ستارے تو یونہی ساتھ چلے آئے ہیں
ورنہ یہ چاند اکیلا مرا باراتی ہے

میں تو دُشمن کے بچھڑنے پہ بھی رویا ہوں بہت
تُو تو پھر یار ہے اور یار بھی جذباتی ہے

کس قدر گھاؤ ہیں، معلوم نہیں ہے کہ ابھی
جسم سے رُوح کا رشتہ ہی مضافاتی ہے

ہائے کیا لوگ تھے پامال ہوئے میرے لئے
اور کہنے کو مرا سارا سفر ذاتی ہے

صفحۂ دہر پہ فطرت نے لکھا ہے مرا نام
تم سمجھتے ہو کہ یہ فیصلہ لمحاتی ہے

(ستمبر/۱۹۹۵ء)

○

نبھائی ہے وفا ہم نے کہاں تک
وفا نا آشنا لوگوں سے پوچھو

درَ و دیوار سکتے میں ہیں اب تک
یہاں جو کچھ ہُوا، لوگوں سے پوچھو

مُحبّت میں ضروری تو نہیں ہے
کہ تم ہر راستہ لوگوں سے پوچھو

(اکتوبر/۲۰۰۶ء)

پرانی تاریخ کا نیا باب

لہلہاتے درختوں کی شادابیاں
فاختائیں ہواؤں میں
پانی میں مُرغابیاں
کتنے بکھرے ہوئے راستوں کو سمیٹے ہوئے
ملنے والوں کی بے تابیاں
یہ زمینوں پہ پھیلے ہوئے گاؤں
قصبوں کی، شہروں کی، مُلکوں کی
خوش حال، بے حال، بے انت آبادیاں
سب کے اپنے وطن
خوشبوؤں سے بھری اپنی آزادیاں
مَدرسے آتے جاتے ہوئے
ننّھے بچّوں، جوانوں کی باتوں سے بھرپُور راہداریاں
شَاخ پر پُھول سے تتلیوں کے مراسم کی تہہ داریاں
اِک طرف،
خوبصورت زمانوں کی خواہش میں
آنکھوں کی ویرانیوں میں چمکتی ہوئی

ایک خوابوں سے لبریز بے انتہا زندگی کے
شب و روز کی داستانیں سُناتی ہوئی
موسموں کی نگہداریاں
دوسری سمت،
سارے مُحبّت بھرے منظروں
سب کی آزادیوں، روشنی کے جزیروں کو
تاریکیوں میں ڈبونے کی تدبیر کرتے ہوئے
ایک سازش کدے میں تعصّب بھرے جام پیتے ہوئے
ابنِ عالم پہ تقریر کرتے ہوئے
سامراجی خبیثوں کی من مانیاں
اِک طرف لوگ تاریخ سے بھی نگاہیں چُراتے ہوئے
دُوسری سَمت دھرتی کے جُغرافیے کو بدلنے کی تیّاریاں
اِک طرف زندگی کو بچاتی ہوئی زندگی کی وفاداریاں
اِک طرف ہیں عوامی تحفّظ کے سب
دعویداروں کے ذاتی مفادات کی
بھینٹ چڑھتی ہوئی چار دیواریاں
اپنی دانش گھوں میں

سیاسی پھپھُوندی لگی
عینکوں کے پُرانے نحوست زدہ
زہر آلود شیشوں میں
اقوامِ عالم کی تقدیر پر بے محل گفتگو
نفرتوں سے بھری سوچ کی کرچیوں کو لپیٹے ہوئے
سارے درباری دانش وروں
اور اہلِ سیاست کی مکّاریاں
اَمن کے
علم کے
اور تحقیق کے نام پر ہو رہی ہیں
تمدّن کی تہذیب کی منڈیوں میں
نئے ایٹمی اسلحے کی خریداریاں
دیکھ لیں اہلِ دُنیا کی
دُنیا سے غداریاں

(مارچ ۲۰۰۳ء)

○

کوئی مُجھ گُم شُدہ سے راستہ پوچھے ہے اور چُپ ہے
کبھی میرا کبھی اپنا پتہ پوچھے ہے اور چُپ ہے

جہاں پر سانس لینے، جی لگانے کی سہولت ہو
دل ایسے شہر کی آب و ہوا پوچھے ہے اور چُپ ہے

وہ حالت ہے ترے بیمار کی، اب تو مسیحا بھی
خود ایک اِک بات کو سو مرتبہ پوچھے ہے اور چُپ ہے

چراغوں سے اُجالوں کی لَویں کِس نے جُدا کی ہیں
غبارِ صبح سے بادِ صَبا پوچھے ہے اور چُپ ہے

روایت سے تجسّس کی طرف جاتی ہوئی دُنیا
بجائے خیریت اب واقعہ پوچھے ہے اور چُپ ہے

ابھی ہم اور کتنی دیر تک ہیں ریگِ ساحل پر
سلیؔم اِک دوسرے سے نقش پا پوچھے ہے اور چُپ ہے

(نومبر، دسمبر/۱۹۹۶ء)

○

رات کو صُبح دم ہاتھ مَلتے ہوئے
تم نے دیکھا نہیں دِن نکلتے ہوئے

میرے بالوں، تری راہ میں جم گئی
کہساروں سے چاندی پگھلتے ہوئے

چَل پڑا دستکوں کا نیا سلسلہ
تھم گئی صحن میں گیند اُچھلتے ہوئے

میں نے دیکھا ہے اِک چاند کے واسطے
دِل کو بچّوں کی طرح مچلتے ہوئے

دُور منزل کھڑی دیکھتی رہ گئی
ہر مُسافر کو رستہ بدلتے ہوئے

وہ گرفتارِ بادِ صَبا ہُوں کہ جو
باغ میں آگیا تھا ٹہلتے ہوئے

تیری آواز میں نے سُنی تھی مگر
رُک گئے قافلے راہ چلتے ہوئے

منکشف کیا ہُوئیں مجھ پہ تاریکیاں
میں نے دیکھا اندھیروں کو جلتے ہوئے

تُجھ سے انکار جب بھی میں کرنے لگا
خود میں دیکھا تجھے میں نے چلتے ہوئے

(دسمبر، جنوری/۲۰۰۱ء)

ذرا دیر پہلے

ذرا دیر پہلے
یہاں ساحلوں پر گھروندے بناتے ہوئے
ننّھے بچّوں کے ہاتھوں کی خوشبُو فضاؤں میں مہکی ہوئی تھی
گھروندے!
کہ جن میں کئی آنے والے دِنوں کے حسیں خواب
پیروں سے لپٹی ہوئی ریتلی گیلی مٹّی کے ذرّوں میں لَودے رہے تھے
ذرا دیر پہلے
کسی ہاتھ میں ہاتھ روشن تھا
قدموں کے بنتے بگڑتے ہوئے دائروں میں پھسلتی ہوئی ریت
پانی سے اُلجھی ہوئی تھی
کہانی کوئی اَن کہی کہہ رہی تھی
ذرا دیر پہلے

کوئی انگلیوں کے اِشارے سے منظر میں حیرانیوں کی گرہ کھولتا تھا
کسی کے لبوں سے رہا ہونے والا کوئی گیت تھا
جو ہواؤں کے میلے میں جادو بھری نغمگی گھولتا تھا
ذرا دیر پہلے
کِناروں پہ مائیں تھیں، بچّے تھے، اُن کے کھلونے تھے، گُڑیاں تھیں
آنکھیں تھیں چہرے تھے
لمحوں کو لمحوں سے جوڑے ہوئے کتنے رشتوں کی کڑیاں تھیں
پلکوں پہ ہنستی ہوئی گیت گاتی نئے موسموں اور زمانوں کی لڑیاں تھیں
اچانک!
سمندر میں سوئی ہوئی لہر جاگی
کِناروں پہ طوفان اُٹھاتی ہوئی لہر جاگی
کوئی ساعتِ قہر جاگی!
ذرا دیر پہلے
یہاں زندگی تھی
بہت روشنی تھی
ذرا دیر پہلے
ذرا دیر پہلے
(سانحہ سونامی پر)

تُم اکیلے نہیں

تُم اکیلے نہیں
کون ایسا ہے جس نے یہاں دُکھ اُٹھائے نہیں
رنج جھیلے نہیں
تُم اکیلے نہیں
ساحلوں پر کئی شہر آباد تھے کیا ہوئے
لوگ اپنی ہی دُھن میں
سبھی شاد و ناشاد تھے کیا ہوئے
وہ ہواؤں کی پیڑوں پہ لکّھی ہوئی داستانیں
پرندوں کو ازبر تھیں
جانے کہاں کھو گئیں
موجِ خوں

موت کی تال پر رقص کرتی ہوئی یوں گئی
گیت ہونٹوں پہ رونے لگے
لوریاں سو گئیں
کون پوچھے سَمُندر سے ناراضگی کا سبب
سَر پھری تُند موجوں سے لشکر کشی کا سبب
یہ کُھلے آسماں کے تَلے بے گھری
اور اپنوں سے بچھڑے ہوؤں کے غموں کو سمیٹے ہوئے خلقتِ بے اماں
بھوک، افلاس بے چارگی کی رداؤں میں لپٹی ہوئی عورتیں، بوڑھے، بچّے، جواں
خون پانی میں بہتا ہوا
اور پانی میں ڈوبی ہوئی بستیاں
خواب جیسی حسیں بستیاں
اِک عجب سوگواری کا عالم ہے خوابوں کے میلے نہیں
ایسے موسم میں ہم ساتھ ہیں تُم اکیلے نہیں
تُم اکیلے نہیں
تُم اکیلے نہیں

(سانحۂ سونامی کے لئے)

○

اِک متاعِ دل و جاں تھی جسے کھوتے ہوئے آئے
ہم ترے پاس کہیں اور سے ہوتے ہوئے آئے
وقت بے وقت کسی خواہش بے جا کے لئے
ہم وہ مزدور کہ دنیا ہی کو ڈھوتے ہوئے آئے
کیسے گرداب، تہہِ عشقِ بَلا خیز تھے، جو
تیرنے والوں کو ساحل پہ ڈبوتے ہوئے آئے
نیند اور خواب کی وادی سے گُزرتے ہوئے ہم
چاند تارے تری راہوں میں پِروتے ہوئے آئے

صُبح لوگوں نے بتایا کہ تری بزم میں رات
ہم بھی آئے تھے مگر جاگتے سوتے ہوئے آئے

تُم سے یہ سب نے کہا ہم یہاں موجود نہیں
جانِ جاں ہم یہاں موجود نہ ہوتے ہوئے آئے

بُوئے اغیار چراغوں کو لئے پھرتی تھی
اب کے تو ہم بھی تری بزم سے روتے ہوئے آئے

کل تری یاد نے وہ ہجر منایا ہے کہ بس!
ضبطِ گریہ میں بھی دامن کو بھگوتے ہوئے آئے

ایسا کیا کہہ دیا میں نے کہ مرے یار سلیمؔ
طنز کرتے ہوئے، نشتر ہی چبھوتے ہوئے آئے

(جولائی، اگست/۲۰۰۲ء)

○

لَو کو چھونے کی ہوس میں ایک چہرہ جل گیا
شمع کے اتنے قریب آیا کہ سایا جل گیا

پیاس کی شدت تھی سیرابی میں صحرا کی طرح
وہ بدن پانی میں کیا اُترا کہ دریا جل گیا

کیا عجب کارِ تحیّر ہے سپردِ نارِ عشق
گھر میں جو تھا بچ گیا اور جو نہیں تھا جل گیا

گرمئ دیدار ایسی تھی تماشا گاہ میں
دیکھنے والوں کی آنکھوں میں تماشا جل گیا

خود ہی خاکستر کیا اُس نے مُجھے اور اُس کے بعد
مجھ سے خود ہی پوچھتا ہے بول، کیا کیا جل گیا

صرف یادِ یار باقی رہ گئی دل میں سلیمؔ
ایک اِک کر کے سبھی اسبابِ دُنیا جل گیا

(نذرِ غالب) مارچ/۱۹۹۹ء)

○

ایسا اجڑا ہے ترے بعد محکمہ دل کا
اہلِ دل سے نہیں دیکھا گیا صدمہ دل کا

تیرے عشّاق میں بس ایک ہمی بچتے ہیں
ہم بھی اب کس سے لڑیں جا کے مقدمہ دل کا

تُو بھی دُنیا کی طرح رنگ بدلتا ہے بہت
تُو بھی ہے آنکھ کا میلا تو نکمّہ دل کا

کس قدر زعم تھا تبدیلیٔ موسم کا تُجھے
تجھ سے بھی حل نہیں ہو پایا معمۂ دل کا

بانجھ آوازوں کے جنگل میں بھٹکتے رہے لوگ
خالی سینوں میں دھڑکتا رہا نغمہ دل کا

یہ تو بس ایک نظر فیصلہ کرتی ہے سلیم
ہر کسی کو نہیں ملتا ہے اقامہ دل کا

(جولائی ۱۹۹۴ء)

زندگی تیرا حاصل ہیں ہم

(خواتین کے عالمی دن کے لئے)

خواب جتنے بھی دیکھے گئے
پُھول شاخوں پہ جتنے بھی کِھلتے رہے
نئی منزلوں کی طرف جتنے رَستے گئے
اُن میں شامل تھے ہم
آج بھی خوشبوؤں کی طرح اُن میں شامل ہیں ہم
زندگی تیرا حاصل ہیں ہم

شب سے لڑتے ہوئے، دن سے اُلجھے ہوئے جانے کتنے ہی موسم بدلتے رہے
اپنے آنچل میں دُکھ سُکھ سمیٹے ہوئے صُبح تک ہم اندھیروں سے لڑتے رہے
ہر قدم راہ روکے ہوئے ایک نادیدہ دیوار تھی پھر بھی چلتے رہے
گیت جتنے بھی لکھّے گئے
لفظ جتنے مُحبّت کے سوچے گئے
اُن میں شامل تھے ہم
آج بھی خوشبوؤں کی طرح اُن میں شامل ہیں ہم
زندگی تیرا ساحل ہیں ہم
اپنے مٹّی کے رنگوں سے لکھّی ہوئی ایک تازہ کہانی کا عنوان ہیں
اس کہانی میں جتنے بھی کردار ہیں اُن کے آپس میں کچھ عہد و پیمان ہیں
روشنی کے اُفق پر بلندی کو چھوتے ہوئے خواب، سب اپنی پہچان ہیں
راہرو جتنے آگے گئے
قافلے جتنے اور آگے بڑھتے گئے
اُن میں شامل تھے ہم
آج بھی خوشبوؤں کی طرح اُن میں شامل ہیں ہم
زندگی تیری محفل ہیں ہم

(مارچ/۲۰۰۲ء)

○

خامشی کے لئے محفل ہوتی، گفتگو کے لئے خلوت کرتے
اور اسی خواب نوَرد ی میں ہمیں، آئینے دیکھ کے حیرت کرتے

یہ جو بے نام سے جذبوں کی دھنک، تیری قربت سے بکھر جاتی ہے
تُو نے پوچھا ہی نہیں ہم سے کبھی، ورنہ ہم کچھ تو وضاحت کرتے

چادرِ خاک لپیٹے ہوئے ہیں، دل بہ دل گرد سمیٹے ہوئے ہیں
عشق پہچان رہا ہے اپنی، ہم تو مرجاتے جو نفرت کرتے

اب تُو لگتا ہے سبھی کو جیسا، تُجھ میں کچھ بھی تو نہیں تھا ایسا
دیکھ تو کیسا سنوارا ہے تُجھے، اور کتنی تری چاہت کرتے

کوئی صحرائے تغافل ملتا یا کوئی دشتِ گریزاں ہوتا
چاہے جس مُلک کے شہری ہوتے ہم دِلوں ہی پہ حکومت کرتے

(جنوری/۱۹۹۵ء)

○

ابھی حیرت زیادہ اور اُجالا کم رہے گا
غزل میں اَب کے بھی تیرا حوالہ کم رہے گا

مری وحشت پہ صحرا تنگ ہوتا جا رہا ہے
کہا تو تھا یہ آنگن لا محالہ کم رہے گا

بھلا وہ حُسن کس کی دسترس میں آسکا ہے
کہ ساری عُمر بھی لکھّیں مقالہ، کم رہے گا

بہت سے دُکھ تو ایسے بھی دیئے تم نے کہ جن کا
مداوا ہو نہیں سکتا، اِزالہ کم رہے گا

وہ چاندی کا ہو، سونے کا ہو یا پھر ہو لہو کا
سلیم اہلِ ہَوس کو ہر نوالہ کم رہے گا

(اکتوبر/۱۹۹۸ء)

○

کچھ کشش دل بَروں میں ہے ہی نہیں
رنگ وہ محفلوں میں ہے ہی نہیں

ہر طرف تیری رُونمائی ہے
اور کچھ آئینوں میں ہے ہی نہیں

جو تجھے مُنفرد بناتی ہے
بات وہ دُوسروں میں ہے ہی نہیں

میرا کتنا خیال ہے اُس کو
جو مرے دوستوں میں ہے ہی نہیں

سب کے سب سلسلے اُسی کے ہیں
جو مرے سلسلوں میں ہے ہی نہیں

وہ مرے رابطوں میں رہتا ہے
جو مرے رابطوں میں ہے ہی نہیں

ہاں وہی تو ہے مسئلہ میرا
جو مرے مسئلوں میں ہے ہی نہیں

جس کنارے ہمیں اُترنا ہے
وہ ترے ساحلوں میں ہے ہی نہیں

ہم جسے اپنا کہہ سکیں کُھل کر
کوئی اپنی صفوں میں ہے ہی نہیں

کیا کُشادہ دلی کی بات کریں
اب تو آنگن گھروں میں ہے ہی نہیں

کٹ گئے پیڑ، اُڑ گئے طائر
کوئی نامہ بَروں میں ہے ہی نہیں

تُجھ سے ملنے کا کیا کوئی امکان
آنے والے دِنوں میں ہے ہی نہیں

جو مُسافر کا کچھ پتہ دیتی
گرد وہ راستوں میں ہے ہی نہیں

سیدھا رستہ ہے عشق کی منزل
یہ سفر دائروں میں ہے ہی نہیں

جس کی تسبیح لوگ پڑھتے تھے
نام وہ تذکروں میں ہے ہی نہیں

جس سے چہروں پہ نُور رہتا تھا
وہ اُجالا دِلوں میں ہے ہی نہیں

جس سے روشن تھے منبر و محراب
وہ دِیا طاقچوں میں ہے ہی نہیں

رقص کرتا ہے جو سرِ مقتل
وہ لہو تو رَگوں میں ہے ہی نہیں

سب کے شانوں پہ سَر سلامت ہیں
کوئی سودا سَروں میں ہے ہی نہیں

اُس کا احسان مند ہوں میں سلیؔم
جو مرے مُحسنوں میں ہے ہی نہیں

(مئی/۱۹۹۸ء)

تازہ خبر

دُنیا بھر کے اخباروں میں
اُلٹ پلٹ کر
روزانہ ہی ایک خبر چھپ جاتی ہے
کل بھی جب اخبار آئے گا
اُس میں بھی بس نام بدل جانے ہیں
مسخ شدہ لاشوں کے چہرے
کس نے پہچانے ہیں
(اگست ۱۹۹۸ء)

○

کوئی تاریخ بنے اور نہ زمانہ ہوئے لوگ
ہائے کیا لوگ تھے اور کیسے فسانہ ہوئے لوگ

تاک میں گردشِ دوراں تھی نہ جانے کب سے
تیری محفل سے نکلتے ہی نشانہ ہوئے لوگ

تیرے عشّاق سے خالی ہوا گلیوں کا ہُجوم
دیکھتے دیکھتے مصروفِ زمانہ ہوئے لوگ

تُو بھی کیا حیرتِ اسباب کی شب ہے دُنیا
صُبح ہوتے ہی تری سمت روانہ ہوئے لوگ

خود کو بھُولے ہوئے لوگوں نے تُجھے یاد رکھا
بے ٹھکانہ تھے مگر تیرا ٹھکانا ہوئے لوگ

صُبح کی شاخ پہ جیسے گُلِ خورشید کھلے
شام ڈھلتے ہی تب و تابِ شبانہ ہوئے لوگ

سنگِ میل ایسے کہاں تھے کہ پتہ بتلاتے
تجھ سے ملنے کا تو بس ایک بہانہ ہوئے لوگ

یہ تو اُس شخص کی آنکھوں ہی میں جادو ہے سلیمؔ
اِک نظر دیکھ لیا اور خزانہ ہوئے لوگ

(ستمبر، اکتوبر/ ۱۹۹۷ء)

○

عجیب رنگِ تحیر ہے فرشِ آئینہ پر
لہو میں دائرے رقصاں ترے وصال کے ہیں

(ستمبر/ ۱۹۹۷ء)

○

پھر جی اُٹھے ہیں جس سے، وہ امکان تُم نہیں
اب جو بھی کر رہا ہے یہ احسان، تُم نہیں

مجھ میں بدل رہا ہے جو اِک عالمِ خیال
اُس لمحۂ جنوں کے نگہبان تُم نہیں

بجھتے ہوئے چراغ کی لَو جس نے تیز کی
وہ اور ہی ہوا ہے مری جان، تُم نہیں

پھر یوں ہوا کہ جیسے گِرہ کُھل گئی کوئی
مشکل تو بس یہی تھی کہ آسان تُم نہیں

تُم نے سُنی نہیں ہے صدائے شکستِ دل
ہم جھیلتے رہے ہیں یہ نقصان، تُم نہیں

تُم سے تو بس نباہ کی صورت نکل پڑی
جس سے ہوئے تھے وعدہ و پیمان، تُم نہیں

خوش فہمیوں کی بات الگ ہے مگر یہ گھر
جس کے لئے سجا ہے وہ مہمان تُم نہیں

یہ عالمِ ظہور ہے ہجرت زدہ سلیمؔ
ہم بھی دُکھی ہیں صرف پریشان تُم نہیں

(نومبر ۱۹۹۴ء)

○

بدن میں پھیل رہا ہے بہت دنوں سے سلیمؔ
وہ زہرِ عشق جو تریاق بھی نہیں رکھتا

(اپریل ۱۹۸۴ء)

○

کسی محنت نہ مشقّت کے سبب میرے ہوئے
درد و غم ایک روایت کے سبب میرے ہوئے

تو نے غیروں سے رہ و رسم میں برباد کئے
جو خزانے مری محنت کے سبب میرے ہوئے

میں اکیلا ہی مہم جو ہوں نئی منزل کا
راستے قحطِ مُسافت کے سبب میرے ہوئے

کب اُنہیں جیت سکا ہے کسی نفرت کا غرور
یہ مرے لوگ مُحبّت کے سبب میرے ہوئے

پابجولاں کوئی اِس طرح کہاں گُزرا ہے
یہ بیاباں مری وحشت کے سبب میرے ہوئے

اِس سے پہلے مری تاخیر مرے کام آئی
اَب کے موسم مری عُجلت کے سبب میرے ہوئے

(فروری ۱۹۹۷ء)

○

جُنوں تبدیلیٔ موسم کا، تقریروں کی حد تک ہے
یہاں جو کچھ نظر آتا ہے تصویروں کی حد تک ہے

غُبار آثار کرتی ہے مُسافر کو سُبک گامی
طلسمِ منزلِ ہستی تو رہ گیروں کی حد تک ہے

زمانے تُو نے غم کو بھی نمائش کر دیا آخر
نشاطِ گریہ و ماتم بھی زنجیروں کی حد تک ہے

(مارچ ۱۹۹۰ء)

اے شہر مرے اے دل میرے

تری راتیں خوف اُگلتی ہوئیں، ترے دن ہتھیار اُٹھائے ہوئے
تری گلیاں نوحہ کرتی ہوئیں، ترے آنگن خوں میں نہائے ہوئے
کہیں سائے گھات میں بیٹھے ہیں، دیوار سے کان لگائے ہوئے
تری مٹّی دُھوپ میں گرد ہوئی اور روئے نہیں بادل تیرے
اے شہر مرے اے دل میرے

ترے موسم خواب دَھنک خوشبُو، تَن مَن میں آگ چُھپائے ہوئے
ترے پیڑ پرندوں سے خالی، ترے پُھول سبھی مُرجھائے ہوئے
پھر وقت کی آنکھ نے دیکھ لئے ہیں گلی گلی لہرائے ہوئے
سب چھید بھرے دامن تیرے سب پھٹے ہوئے آنچل تیرے
اے شہر مرے اے دل میرے

اِک منظر موت کے رقص کا ہے، جہاں ملے نہیں کبھی کھوئے ہوئے
سبھی سچّے موتی بکھر گئے جو تھے ایک لڑی میں پروئے ہوئے
ترے سارے دشمن جاگتے ہیں ترے پہریدار ہیں سوئے ہوئے
جنہیں تری حفاظت کرنی تھی وہ لوگ ہوئے قاتل تیرے
اے شہر مرے اے دل میرے

جلتے ہوئے جیون راکھ ہوئے، بُجھتی ہوئی آنکھیں روشن ہیں
کب کون مُسافر آ نکلے پھیلی ہوئی باہیں روشن ہیں
اس گھر کی تاریکی میں ابھی کہیں قلم کتابیں روشن ہیں
ہاں بُجھی نہیں اُمید ابھی ہاں مرے نہیں پاگل تیرے
اے شہر مرے اے دل میرے

(نومبر ۱۹۹۴ء) (قافیے پر دھیان مت دیجیے)

○

وہ جو آئے تھے بہت منصب و جاگیر کے ساتھ
کیسے چُپ چاپ کھڑے ہیں تری تصویر کے ساتھ

صرف زنداں کی حکایت ہی پہ موقوف نہیں
ایک تاریخ سفر کرتی ہے زنجیر کے ساتھ

اب کے سُورج کی رہائی میں بڑی دیر لگی
ورنہ میں گھر سے نکلتا نہیں تاخیر کے ساتھ

تُجھ کو قسمت سے تو میں جیت چُکا ہوں کب کا
شاید اب کے مجُھے لڑنا پڑے تقدیر کے ساتھ

اب کسی اور گواہی کی ضُرورت ہی نہیں
جُرم خود بول رہا ہے تری تحریر کے ساتھ

دیکھتے کچھ ہیں، دِکھاتے ہمیں کچھ ہیں کہ یہاں
کوئی رشتہ ہی نہیں خواب کا تعبیر کے ساتھ

اب جہاں تیری امارت کی حدیں ملتی ہیں
ایک بُڑھیا کا مکاں تھا اِسی جاگیر کے ساتھ

یہ تو ہونا ہی تھا مہتابِ تماشا، پھر بھی
کتنے دل ٹوٹ گئے ہیں تری تسخیر کے ساتھ

یاد بھی ابرِ مُحبّت کی طرح ہوتی ہے
ایک سایا سا چلا جاتا ہے رہ گیر کے ساتھ

(مارچ ۱۹۹۴ء)

○

تیری ہی طرح کا ہُو بہُو ہے
اِک شخص جو میری آرزُو ہے

یہ دشتِ فریب ہے اور اِس میں
جتنا بھی یقین ہے وہ تُو ہے

یہ کیسی تلاش ہے کہ تُجھ سے
مل کر بھی تری ہی جستجُو ہے

کیسی ہے یہ جنگ، جس میں کوئی
لڑتا نہیں اور لہُو لہُو ہے

بس ایک ہی آئینہ ہے ہر سمت
اور ایک ہی شکل چار سُو ہے

یہ ہم تُجھے دیکھتے ہیں، ورنہ
تو ایسا کہاں کا خوبرُو ہے

جب کوئی نہیں یہاں پہ موجود
پھر کون شریکِ گفتگو ہے

یہ دل ہی کھنچا ہے تیری جانب
یا کوئی ستارا قبلہ رُو ہے

جس میں ترے خواب تیرتے ہیں
یادوں بھری ایک آب جُو ہے

روشن ہے جو چشمِ بے خبر میں
اِس لَو میں چراغ کا لہُو ہے

تیرے لئے رُک گئے ہیں، ورنہ
چلنا تو مُسافروں کی خُو ہے

دیکھو اِسے ہاتھ مت لگاؤ
یہ شخص ہماری آبرُو ہے

(دسمبر رجنوری ۹۳۔۱۹۹۴ء)

کھڑکی کھول دو

دم گھٹتا ہے
جن کے مُنہ کو خون لگا ہو کب چُھٹتا ہے
دَم گُھٹتا ہے
جس کمرے میں ہم رہتے ہیں
گُھٹن بہت ہے
اس میں رہنا اور پھر اس میں جیتے رہنا
کٹھن بہت ہے
نصف صدی کے اس میلے میں
کیا کھویا کیا پایا ہم نے
چھوڑو بھی جانے دو صاحب
تم سے بس اتنا کہنا ہے
کھڑکی کھول دو
تازہ ہوا آنے دو صاحب
دَم گُھٹتا ہے
جن کے منہ کو خون لگا ہو کب چُھٹتا ہے
دَم گُھٹتا ہے

(اکتوبر/۱۹۹۷ء)

○

تُو سُورج ہے، تیری طرف دیکھا نہیں جاسکتا
لیکن دیکھنے والوں کو روکا نہیں جاسکتا

اب جو لہر ہے پَل بھر بعد نہیں ہوگی، یعنی
اِک دریا میں دوسری بار اُترا نہیں جاسکتا

اب بھی وقت ہے اپنی رَوش تبدیل کرو، ورنہ
جو کچھ ہونے والا ہے سوچا نہیں جاسکتا

اُس کی گلی میں جانے سے اُسے ملنے سے، خود کو
روکا جاسکتا ہے پَر روکا نہیں جاسکتا

کسی کو چاہت اور کسی کو نفرت مارتی ہے
کوئی بھی ہو اسے مرتے تو دیکھا نہیں جاسکتا

ایک طرف ترے حُسن کی حیرت ایک طرف دُنیا
اور دُنیا میں دیر تلک ٹھہرا نہیں جاسکتا

(ستمبر ۱۹۹۵ء)

○

یہ ہرے پیڑ جو سُوکھے ہوئے لگتے ہیں مجھے
اپنی عُریانی کو اوڑھے ہوئے لگتے ہیں مجھے

شاخ دَر شاخ اُمڈ آیا ہے آسیب کا بور
جو پرندے ہیں وہ سہمے ہوئے لگتے ہیں مجھے

نیند کا قافلہ گُزرا ہے انہیں گلیوں سے
یہ در و بام تو جاگے ہوئے لگتے ہیں مجھے

بس یہی یاد نہیں ہے کہ کہاں دیکھے تھے
ورنہ یہ لوگ تو دیکھے ہوئے لگتے ہیں مجھے

امن کے واسطے اِک جنگ تو ہونی ہے مگر
لشکری سارے ہی سہمے ہوئے لگتے ہیں مجُھے

صرف محرومِ مُحبّت ہی نہیں لوگ یہاں
بات کرنے کو بھی ترسے ہوئے لگتے ہیں مجُھے

تُو ابھی عشق کے احساس سے واقف ہی نہیں
تیرے تو خواب ہی سوچے ہوئے لگتے ہیں مجُھے

پار اُترتا ہوا دریا نظر آتا ہے سلیمؔ
اور کِنارے کہیں ڈوبے ہوئے لگتے ہیں مجُھے

(جنوری، فروری/۱۹۹۶ء)

○

ابھی سے بزمِ جہاں منتشر نہیں کرنا
ابھی تو ہم نے بہت سے سوال اُٹھانے ہیں

(مئی/۱۹۹۷ء)

○

گھنے نہیں تھے مگر تھے، نہ جانے کیا ہوئے سب
جو راستوں میں شجر تھے نہ جانے کیا ہوئے سب

وہ موسموں کے تغیّر کا حال جانتے تھے
یہاں جو اہلِ خبر تھے، نہ جانے کیا ہوئے سب

ستارۂ سحری کو سحر نہ کہتے تھے
کچھ ایسے اہلِ نظر تھے نہ جانے کیا ہوئے سب

نیا سفر ہے، نئی منزلیں، نئی راہیں
مگر جو اہلِ سفر تھے، نہ جانے کیا ہوئے سب

کہیں پہ سائے مکیں تھے کہیں پہ آدمی تھے
کہیں مکاں کہیں گھر تھے نہ جانے کیا ہوئے سب

دِلوں کو جوڑتے تھے آئینے بناتے تھے
عجیب اہلِ ہنر تھے، نہ جانے کیا ہوئے سب

ہمارے اور تمہارے مثالیے کُچھ لوگ
برائے نام تھے پَر تھے، نہ جانے کیا ہوئے سب

بس اِک صدا کہیں مقتل سے آئی تھی اور پھر
سبھی کے شانوں پہ سَر تھے، نہ جانے کیا ہوئے سب

یہ کیسا بابِ یقیں مجھ پہ کھل رہا ہے سلیمؔ
ابھی مجھے کئی ڈر تھے، نہ جانے کیا ہوئے سب

(جنوری/۲۰۰۰ء)

منصوبہ بندی

تُم کہتے ہو
اتنے فیصد لوگ یہاں پیدا ہوتے ہیں
اتنے فیصد مر جاتے ہیں
اِکنامسٹ اور سرکاری دانشور سب حیران کھڑے ہیں
ان کے پاؤں میں خوشحالی کے ٹُوٹے پھُوٹے خواب پڑے ہیں
ملک میں آبادی کا بوجھ بڑھا جاتا ہے
اہلِ معیشت کے نزدیک توازن ہی بگڑا جاتا ہے
سچ ہے اور تشویش بجا ہے
پَل دو پَل کی آس بہت ہے
اور جینے کی پیاس بہت ہے
دُنیا تم کو راس بہت ہے
اِس دُنیا کے اپنے رنگ ہیں اپنے ڈھنگ ہیں
اِک مُسکان سے کتنے جیون کھِل اُٹھتے ہیں
بُرے بھلے جیسے موسم ہوں

رُوپ چراغ سے جَل اٹھتے ہیں
آنے والا
صفحۂ دہر پہ اپنا نام رقم کرتا ہے
نئے امکان کی مدّھم، روشن، جگمگ خوشبُو پھیلاتا ہے
لیکن جو مارا جاتا ہے
اُس کے ساتھ ہی
اُس کے بوڑھے ماں اور باپ
بہن اور بھائی
بیوی بچّے
محبُوبہ، سب مرجاتے ہیں
جیون ڈور میں بندھے ہوئے رشتوں کے خواب بکھر جاتے ہیں
تم کہتے ہو
اتنے زیادہ لوگ یہاں پیدا ہوتے ہیں
مرتے کم ہیں
میں کہتا ہوں
لاشوں کے اس ڈھیر سے
زندہ انسانوں کا بوجھ
بہت بہتر ہے
(۱۸ نومبر ۱۹۹۵ء)

○

چُھپے ہوئے ہیں جو منظر، اُنہیں اُبھارتا ہوں
میں آئینوں سے تحیّر کی گرد اُتارتا ہوں

مہ و نجوم کی گردش کا بوجھ اپنی جگہ
جمالِ یار کے موسم بھی میں سہارتا ہوں

گُزر رہی ہے اندھیروں سے کائنات کی رو
مگر میں دن کے اُجالے میں شب گُزارتا ہوں

مُجھے بگاڑنے والے تُو آ کے دیکھ ذرا
ترے خیال کو میں کس طرح سنوارتا ہوں

عجیب ضد مری مٹّی میں ہے کہ جیت کے بھی
میں اس زمیں کے لئے آسماں کو ہارتا ہوں
ہر ایک عشق میں محسُوس یہ ہوا ہے مُجھے
کہ جیسے پچھلی مُحبّت کا قرض اُتارتا ہوں
زمانہ گوش بَر آواز ہوگیا ہے سلیم
اُسے خبر ہی نہیں ہے جسے پُکارتا ہوں
(مئی، جون/۱۹۹۴ء)

○

لَے مُحبّت کی ہے آہنگ سُخن ساز کا ہے
ہر نئی نسل سے رشتہ مری آواز کا ہے
آسماں اپنی حدیں کھول رہا ہے مُجھ پر
تو کبھی دیکھ جو عالم مری پرواز کا ہے
یہ جواَب جا کے خَلش ہونے لگی ہے دل میں
ایسا لگتا ہے کوئی زخم یہ آغاز کا ہے
(ستمبر/۱۹۹۶ء)

○

کم کم سہی، دِلوں میں کہیں روشنی سی ہے
یہ زندگی نہیں ہے مگر زندگی سی ہے

کیا ہے پسِ ستارہ و مہتاب و اَبر باد
میں جانتا نہیں ہوں مگر آگہی سی ہے

شاخوں پہ پھُول، پھُول پہ تتلی، قریب تُم
یہ شاعری نہیں ہے مگر شاعری سی ہے

دَریا سمندروں میں جو گِرتے ہیں رات دن
یہ تشنگی نہیں ہے مگر تشنگی سی ہے

رویا تھا ایک یاد کی شدّت سے میں کبھی
آنکھوں میں آنسوؤں کی ابھی تک نَمی سی ہے

کیا آدمی ہمیشہ سے ایسا ہی ہے سلیمؔ
اِک شکل حافظے میں کہیں آدمی سی ہے

(جنوری/۲۰۰۱ء)

○

اے شبِ ہجر اب مجُھے، صبح وصال چاہیے
تازہ غزل کے واسطے تازہ خیال چاہیے

اے مرے چارہ گر ترے بس میں نہیں معاملہ
صُورتِ حال کے لئے واقفِ حال چاہیے

اہلِ خرد کو آج بھی اپنے یقین کے لئے
جس کی مثال ہی نہیں، اُس کی مثال چاہیے

اُس کی رِفاقتوں کا ہجر جھیلئے کب تلک سلیمؔ
اپنی طرح سے اب مجھے وہ بھی نڈھال چاہیے

(جولائی ۱۹۹۴ء)

شاعرِ خوش نوَا

(عبید اللہ علیم کے لئے)

وہی کارِ دنیا
وہی کارِ دنیا کے اپنے جھمیلے
وہی دل کی حالت
وہی خواہشوں، آرزوؤں کے میلے
وہی زندگی سے بھری بھیڑ میں چلنے والے سبھی لوگ
اپنی جگہ پر اکیلے
کئی گرد آلود منظر نگاہوں کی دہلیز پر جم گئے ہیں
مجُھے یوں لگا جیسے چلتے ہوئے وقت کے قافلے تھم گئے ہیں
ذرا سیڑھیوں سے اُدھر میں نے دیکھا
وہی شہر ہے اور وہی شہر کی بے کرامت فضا ہے
وہی خلق ہے اور وہی خلق میں بُھول جانے کی اپنی ادا ہے
وہی راستے ہیں، وہی بے سہولت سفر کی سزا ہے
وہی سانس لینے کو جینے کو بے مہر آب و ہوا ہے
وہی زندگی ہے وہی اس کے چاروں طرف بے تحفّظ رِدا ہے
وہی سیڑھیوں سے اُدھر، راہ داری کے بائیں طرف خالی کمرہ
تری گفتگو سے بھرا خالی کمرہ

ترے قہقہوں کے سمندر میں ڈوبا ہوا آنسوؤں کا جزیرہ
جزیرے میں اُڑتا ہوا، اِک پرندہ
مُنڈیروں، دَریچوں، درختوں کی تنہائیوں کا مَداوا پرندہ
تری چاہتوں اور وفاداریوں کے اُفق پر ستارہ نُما اِک پرندہ
ترے گیت گاتا
تمنّاؤں کی بارشوں میں نہاتا
کسی تازہ اِمکان کو جگمگاتا
کہیں دُور پھیلی ہوئی کہکشاؤں میں گُم ہو گیا ہے
ذرا سیڑھیوں سے اُدھر میں نے دیکھا
کئی لکھنے والے

خوشامد کا.... کاسہ لئے اپنے غیبت کدے میں کھڑے ہیں
سیاسی وڈیرے
مساوات کا نام لے کر ہمیشہ غریب آدمی کی اَنا سے لڑے ہیں
کئی اہلِ دانش
جو مظلوم کی آہ وزاری پہ دُکھتے تھے
ظالم کے دَر پر پڑے ہیں
یہاں کوئی چھوٹا نہیں ہے
سب اِک دوسرے سے بڑے ہیں

تری شاعری کا خمیر اپنے جذبوں کی سچّائیوں سے اُٹھا تھا
تُو اپنے اُصولوں کے آتش فشاں پر کھڑا
زندگی کی ریاکاریوں سے نبرد آزما تھا
تُو اپنے رویّوں کی سب حالتوں میں
محبّت سے لکھی ہوئی اِک دُعا تھا
تُو اہلِ وفا کا ضمیر آشنا تھا
ابھی سیڑھیاں چڑھتے چڑھتے میں رُک سا گیا ہوں
وہاں کون ہے
کون ہے اب جو دستک کی پہلی کرن کی حکایت سُنے گا
نئے رتجگوں کی مُسافت میں اُلجھے ہوئے آنے والے دِنوں کی
روایت سُنے گا
چراغوں کی آواز میں
آئینوں کی تلاوت سُنے گا
مرے شاعرِ خوش نَوا
تُو کہ دشمن بھی اچھّا تھا
اور دوستی میں بھی تیرا یہاں کوئی ثانی نہیں ہے
جسے اہلِ دل بُھول جائیں گے
تُو وہ کہانی نہیں ہے

(جون/۱۹۹۸ء)

⚪

رات مہتاب بنے، صُبح سُہانی ہو جائے

شام سے پہلے کوئی ایسی کہانی ہو جائے

تُجھ سے ملنے کو بہانہ نہیں درکار ہمیں

ہم تو آئے ہیں کہ بس یاد دہانی ہو جائے

آ، کسی بزمِ مُحبّت میں چراغاں کر دیں

اس سے پہلے کہ لہو جسم میں پانی ہو جائے

ورقِ صُبح پہ تحریر ہے سب نامۂ شب

رہ گئی ہے جو کوئی بات، زبانی ہو جائے

ہر نفس تازہ لہو رنگ بھرے جاتا ہے

کیسے تصویرِ مہ و سال پُرانی ہو جائے

(اگست/۱۹۹۶ء)

○

جو جَل رہا تھا وہ کشتی نہیں کنارا تھا
کل اُس کے ہاتھ میں مشعل نہیں اشارہ تھا

بس ایک ناؤ سفر میں تھی اور نہیں معلُوم
کہ اُس نے کون مُسافر کہاں اُتارا تھا

مُسافروں پہ بڑی دیر میں کُھلا ہے یہ راز
پڑاؤ بھی تو سفر ہی کا استعارہ تھا

بھٹک رہے تھے کہیں مہر و ماہ اور مرے ساتھ
چراغ گھر میں تھا دہلیز پر ستارا تھا

چلو تُمھیں کوئی تعبیر تو ملی، ورنہ
وہی تھا خواب ہمارا کہ جو تُمھارا تھا

(نومبر/۱۹۹۹ء)

○

گردشِ مئے نہیں تو کیا، بزم سجی ہوئی تو ہے
صُبحِ سفر کے واسطے، رات رُکی ہوئی تو ہے

کیسے کُھلے کہ انتظار، خُون میں جذب ہوگیا
جسم دُکھا ہوا تو ہے جاں پہ بنی ہوئی تو ہے

یہ جو ترے خیال سے ٹوٹ رہا ہے انگ انگ
مان لیا کہ تُو نہیں، تجھ سا مگر کوئی تو ہے

موت سے زندگی کے رنگ کیسے کشید کرلئے
عشق میں کچھ نہیں مگر حُسنِ خود آگہی تو ہے

تیرہ نصیب شہر میں کس سے مکالمہ کریں
وہ تیرے زیرِ لب سہی، تھوڑی سی روشنی تو ہے

منصفِ وقت اب تجھے کیسا ثبوت چاہیے
شہر بُجھا ہوا تو ہے آگ لگی ہوئی تو ہے

(جولائی/۱۹۹۷ء)

کیوں ڈرتے ہو

کن باتوں سے تُم ڈرتے ہو

صدیوں سے ہم اہلِ مُحبّت

جن راہوں سے بھی گُزرے ہیں

دروازوں اور بالکنی میں رینگنے والی سرگوشی

اور جاگنے والی مدہوشی کا میلہ اِن کے ساتھ رہا ہے

منبر سے فتوے آئے ہیں

درباروں سے تعزیروں کا حکم ہوا ہے

ہر رستہ دیوار بنا ہے

دیواروں میں قیدی آوازوں کے نوحے

وقت کے صحراؤں میں کب سے گونج رہے ہیں

سنتے ہو تُم

کتنی قومیں ایسی ہیں جو کھاد ہوئی ہیں

اور تاریخ میں اُن کا کہیں بھی ذکر نہیں ہے

جانتے ہو تم

طعنوں اور دُشنام کے پتّھر لئے ہوئے بے مہر زمانہ
وقت کے بازاروں میں کب سے بھیس بدل کر گھومتا ہے
پہچانتے ہو تم
زہر بھری رُسوائی کے خنجر، سب ہاتھوں میں لہراتے ہیں
سچّی باتیں کرنے والے سچّی بات سے گھبراتے ہیں
دُنیا سے لڑ جانے والے، اپنے آپ سے ڈر جاتے ہیں
باہر دامن بھرنے والے اندر خالی کر جاتے ہیں
تُم نے ابھی جس جذبے کا اظہار کیا ہے
اَن دیکھی اِک لہر نے کیسے
ریت محل مسمار کیا ہے
ٹوٹی ہوئی کشتی پر دریا پار کیا ہے
اپنا پہلا فیصلہ آخری بار کیا ہے
کیوں ڈرتے ہو
کن باتوں سے تُم ڈرتے ہو
کیوں ڈرتے ہو

(دسمبر ۱۹۹۹ء)

○

نیند آنکھوں میں رکھّا ہوا خواب ہے، خواب سے متّصل رتجگوں میں ملوگے، کہانی سُنو گے
ٹھیک سے تو مجُھے یاد کچھ بھی نہیں، میں سناتا ہوں، تُم تانا بانا بنوگے کہانی سُنوگے

میرے قدموں سے لپٹا ہوا، ماورائی مُسافت کا صحرا، نئے راستوں سے اُلجھنے لگا ہے
تُم بھلا اضطرابی روّیوں کی اس بے کراں دوپہر میں کہاں تک چلوگے، کہانی سُنو گے

یہ طلسمِ شب وروز حیرت کی پرچھائیں ہے، جس میں لمحوں کی تبدیلیوں پر زمانے کھڑے ہیں
رات آئی تو سُورج کی کرنیں سمیٹو گے اور دُھوپ میں چاند تارے چُنوگے کہانی سُنو گے

دُور کھڑکی سے باہر، درختوں کی تنہائیوں میں پرندوں کے سائے سمٹنے لگے ہیں
تُم یونہی میرے زانو پہ سَر رکھے لیٹے رہو اور وعدہ کرو چُپ رہو گے، کہانی سُنو گے

زندگی ریت کی طرح مُٹّھی سے کیسے پھسلتی چلی جارہی ہے تُمھیں اس کی کوئی خبر ہے
اور اگر تُم کو اب بھی سلیم اِس کی کوئی خبر تک نہیں، بعد میں کیا کروگے، کہانی سُنو گے

(جنوری ۲۰۰۲ء)

○

قیام و کُوچ کی حالت میں تُو ملا ہے مجُھے
رُکا ہوا کہیں عُجلت میں تُو ملا ہے مجُھے

میں آئینے میں ترا عکس چُھو کے دیکھتا ہوں
شکستِ خواب کی حیرت میں تُو ملا ہے مجُھے

سپردگی بھی سنبھالے نہیں سنبھلتی ہے
یہ کیسے عالمِ وحشت میں تُو ملا ہے مجُھے

یہ وقت وہ تھا کہ دل ساتھ چاہتا تھا کوئی
کس انتظار کی حالت میں تُو ملا ہے مجُھے

سمٹ رہی تھی مری بانہیں بجھ رہے تھے چراغ
عجیب قحطِ محبت میں تُو ملا ہے مجُھے

(جنوری/۱۹۹۸ء)

○

تُجھ سے ملنے کی تڑپ تھی کہ طلب تھی کیا تھی
جو ترے ساتھ گُزار آئے وہ شب تھی کیا تھی

جس نے اُس رات اُجالا سا کیے رکھّا تھا
روشنی سی وہ تہہ گوشۂ لَب تھی کیا تھی

خامشی اپنی جگہ کُھل کے ہنسی ہو جیسے
گفتگو اپنی جگہ مُہر بلب تھی کیا تھی

ایک ڈھلتا ہوا دن خواب کی آغوش میں تھا
شامِ وعدہ تھی کہ وہ صُبحِ طرب تھی کیا تھی

ہم کہ تجدیدِ ملاقات میں یہ بُھول گئے
وہ جو اک بات جُدائی کا سبب تھی کیا تھی

(اگست/۱۹۹۶ء)

○

ریت گھروندے، اَبر و باد کی سازش اور سَمُندر
دونوں آمنے سامنے تھے، کل آتش اور سَمُندر

کوئی مُجھے تفصیل بتائے لہروں اور بُوندوں کی
میں صحرا سے دیکھ رہا ہوں بارش اور سَمُندر

پیار بھرے دریا، ساگر سے گھرے ہو جاتے ہیں
عشق بغیر نہیں ملتی گنجائش اور سَمُندر

اُس کمرے میں جائے نماز کا ساحل پھیل گیا تھا
ورنہ مجھ میں ٹوٹ پڑے تھے خواہش اور سَمُندر

(جولائی/۱۹۹۸ء)

○

ترے خیال کی ویرانیاں بتاتی ہیں
کہ اِن دنوں تُجھے تنہائیاں رُلاتی ہیں
تُجھے تو خیر کٹھن مرحلوں کا سامنا ہے
مجھے تو راہ کی آسانیاں ستاتی ہیں
یہ تیرے خواب چمکتے ہیں ریگِ ساحل پر
کہ تیری یاد کی پرچھائیاں نہاتی ہیں
کبھی تو سطح پہ پاتال سے اُبھر کر دیکھ
وہ دائرے بھی، جو گہرائیاں بناتی ہیں

وہ چشمِ غیر تھی، اُس کا گِلہ نہیں ہے کہ دل
کبھی کبھی تو شناسائیاں دُکھاتی ہیں

گرفتِ وقت سے بچ کر نکل گیا تو کُھلا
خرد کے وار سے نادانیاں بچاتی ہیں

یہ کائنات ہے نیندوں کی راہ داری، جہاں
طلسمِ خواب کی حیرانیاں جگاتی ہیں

میں جس کی صُبح کا سُورج ہوں اور شب کا چراغ
سلیمؔ اُسے ابھی رُسوائیاں ڈراتی ہیں

(جون/۱۹۹۹ء)

○

زمانہ ہوگیا خود سے جدا ہوئے ہم کو
کبھی تو بچھڑے ہوؤں کو ملانے آجاؤ

(فروری/۱۹۹۸ء)

○

آؤ کہیں ہم مل بیٹھیں، کیا ایسا ہوسکتا ہے
ایسا ہو جائے تو موسم اچھّا ہوسکتا ہے

دُنیا کے بارے میں اکثر سوچتا ہوں اَب اس میں
کیا تبدیل نہیں ہوسکتا، کیا ہوسکتا ہے

جب صحرا کی ویرانی تمثیل ہے اِک دریا کی
دریا کی طُغیانی میں بھی صحرا ہوسکتا ہے

قسمت کی ساری ریکھائیں بدلی جاسکتی ہیں
اور جو کچھ تُم سوچ رہے ہو، اُلٹا ہوسکتا ہے

جس کی خاطر ساری دُنیا چھوڑنے کو جی چاہے
اُس کے ساتھ بھی رہ کر آدمی تنہا ہوسکتا ہے

پلک جھپکنے سے پہلے کا منظر ہے آنکھوں میں
یعنی جو کچھ دیکھ رہے ہو سپنا ہوسکتا ہے

جو بھی حُسن ہے، عشق کے ہونے سے قائم ہے، ورنہ
عشق بِنا تو سب کچھ کھیل تماشا ہوسکتا ہے

دُنیا داروں میں اکثر درویش نکل آتے ہیں
اور درویش کا کیا ہے صاحبِ دُنیا ہوسکتا ہے

(ستمبر/۲۰۰۵ء)

○

صَرصَر کو باغِ جاں سے گزارا گیا سلیم
پھر اُس کا نام بادِ صبا رکھ دیا گیا

(نومبر/۲۰۰۵ء)

○

رُوح میں نغمۂ جاں بن کے اُتر جاؤ گے تُم
کوئی موسم تو نہیں ہے کہ گُزر جاؤ گے تُم

شہرِ رسوائی کے منظر نہیں دیکھے تُم نے
جتنا سمٹو گے یہاں، اتنا بِکھر جاؤ گے تُم

آنے والوں کے لئے راستہ خالی رکھّو
جانے والوں سے نہ پوچھو کہ کدھر جاؤ گے تُم

نیک نامی کی رِدا میلی ہوئی جاتی ہے
بارشِ سنگِ ملامت میں نکھر جاؤ گے تُم

یوں تو سینے کا خلا پُر نہیں ہوتا ہے مگر
کوئی تو خالی جگہ ہے جسے بھر جاؤ گے تُم

کتنا سنولا دیا سایوں کی رفاقت نے تُمھیں
اب مری دُھوپ میں آجاؤ، نِکھر جاؤ گے تُم

زندگی خواب سرائے کی طرح ہے مرے دوست
اِس کی حیرت سے جو نکلو گے تو مرجاؤ گے تُم

گردشِ خوں میں مہک اُٹھتا ہے خوشبو کی طرح
عشق وعدہ تو نہیں ہے کہ مُکر جاؤ گے تُم

کارِ دُنیا بھی، نیا عشق بھی، یادیں بھی سلیمؔ
کتنے زخموں کو سجائے ہوئے گھر جاؤ گے تُم

(اکتوبر ۲۰۰۱ء)

○

حیا کے نُور میں لپٹا ہوا بَدن تیرا
کوئی بھی رنگ ہو، لگتا ہے پیرہن تیرا

بہارِ نغمۂ نَورستہ نے ہجوم کیا
کہ شاخِ لَب پہ کِھلا غنچۂ سخن تیرا

فضا میں پھیلی ہوئی خوشبوئیں بتاتی ہیں
صَبا پہن کے نکلتی ہے پیرہن تیرا

الگ سے آئینہ رکھّا ہوا ہے مُجھ میں کوئی
مہک رہا ہے جہاں عکسِ گُل بَدن تیرا

چڑھے ہوئے کئی دَریا اُتر گئے مجھ میں
لہو میں عشق ابھی تک ہے موجزن تیرا

عجیب طرح سے کی تُو نے پاسداریٔ عشق
خلافِ وعدہ نہیں ہے کوئی چلن تیرا

ہوائے عشق تُجھے راس آ گئی تو کُھلا
یہی فضا ہے تری اور یہی وطن تیرا

یہ بات اہلِ ریا کی سمجھ میں کیا آتی
کہ تیرا سچ ہے حقیقت میں بانکپن تیرا

تُو اپنی ذات میں اِک انجمن سہی لیکن
چُھپائے چُھپتا نہیں ہے اکیلا پَن تیرا

(اگست ۲۰۰۵ء)

○

کچھ پاس نہیں، پھر بھی خزانہ تُجھے دیتے
ملتا تو سہی، سارا زمانہ تُجھے دیتے

چلنے کے لئے راہ بناتے تری خاطر
رہنے کے لئے کوئی ٹھکانہ تُجھے دیتے

اِک بات نہ کرنے کے لئے بھی تُجھے کہتے
کرنے کے لئے کوئی بہانہ تُجھے دیتے

سُننے کے لئے ہم، ہمہ تن گوش ہی رہتے
کہنے کے لئے کوئی فسانہ تُجھے دیتے

دن پھر تُجھے تعبیر دکھاتے نئے دن کی
راتوں کے لئے خواب سُہانا تُجھے دیتے

وحشت کے لئے دشتِ تمنّا کو بچھاتے
حیرت کے لئے آئینہ خانہ تُجھے دیتے

تو بھی ہمیں تفصیلِ شب و روز بتاتا
اِک تازہ خبر ہم بھی روزانہ تُجھے دیتے

(دسمبر/۱۹۹۸ء)

○

صبر کر اے دلِ بے تاب، وہ لہر آنے کو ہے
اِک نئے خواب کی تحویل میں شہر آنے کو ہے

رات گہری ہوتی جاتی ہے تو لگتا ہے سلیمؔ
پرچمِ صبحِ بہاراں کہیں لہرانے کو ہے

(اکتوبر/۱۹۹۶ء)

قدسیہ کے لئے ایک نظم [۱]

تُو سوئے تو
نیند کی پَریاں پہرہ دینے آجاتی ہیں
تُو جاگے تو
روشنیاں ترا چہرہ دیکھنے آجاتی ہیں
تُو روئے تو یوں لگتا ہے
جگنو آپس میں لڑتے ہیں
تیری اِک مُسکان کے آگے
چاند ستارے کم پڑتے ہیں

[۱] (میری نواسی) ۲۳ نومبر ۱۹۹۷ء

○

کس سے ملنا ہے، یہ کیسی تگ و دَو باقی ہے
سب دیئے بُجھ گئے اُمید کی لَو باقی ہے

زندگی اپنے تسلسل میں رَواں ہے، جب تک
یاد کی لہر، خیالات کی رَو باقی ہے

یہ اندھیروں سے نبرد آزما ہونے پہ کُھلا
مُجھ میں اِک ٹوٹے ہوئے تارے کی ضَو باقی ہے

رات کی اَوٹ سے سُورج نکل آیا ہے سلیمؔ
صُبح کی جھیل میں عکسِ مہِ نَو باقی ہے

(نومبر/۲۰۰۰ء)

○

جو مُجھ کو یاد نہیں ہے اُسے بُھلایا نہیں
کہ میں نے کھو دیا تُجھ کو مگر گنوایا نہیں

وہ بھیڑ تھی سرِ منظر بچھڑنے والوں کی
کہ میں نے اُس کو وفا کا یقیں دِلایا نہیں

میں جس کے ہجر میں مرتا تھا وہ مِلا تو اُسے
گلے لگایا نہیں، فیصلہ سُنایا نہیں

اسی طرح وہ زمانے سے جیت سکتا تھا
مُجھے خوشی ہے کہ میں نے اُسے منایا نہیں

اور اب کے بھی مری آوارگی ہی کام آئی
ترا پتہ تری خوشبُو نے تو بتایا نہیں

طلسم خانۂ رفتار بھی قیامت ہے
میں گر پڑا تو کسی نے مجھے اُٹھایا نہیں

ہنسی تو خیر کہیں موسموں کی نذر ہوئی
بہت دنوں سے یہاں کوئی مُسکرایا نہیں

عجب جنون رہا اب کے روشنی کا سلیمؔ
کہ گھر جلا دیئے ہم نے دِیا جلایا نہیں

(اگست، ستمبر/۱۹۹۴ء)

○

تجھ سے ملنا ہو یا خود سے دونوں ہی آسان نہیں ہیں
راہیں لمبی ہو جاتی ہیں، جیون چھوٹا پڑ جاتا ہے

(جنوری/۱۹۹۹ء)

چلو ہنستے ہوئے رخصت کرو مجھ کو

وہ کہتا ہے
پرندوں کی اُڑانیں قطع ہوتی ہیں
تو ہونے دو
درختوں پر لکھے ناموں کی خوشبو کو دُھوئیں کا زہر ڈستا ہے
تو ڈسنے دو
دُوکانیں کھل گئیں

خوابوں کا.....کاروبار سستا ہے
تو رہنے دو
گھنے پتوں پہ ہریالی ذرا سی ہے
فضا میں کس قدر گہری اُداسی ہے
اگر خلقِ خدا خاموش رہنا چاہتی ہے
ظلم سہنا چاہتی ہے
اور اگر دل میں اُمیدوں کی جگہ تاریکیوں کا خوف روشن ہے
تمہیں کس بات کا غم ہے تمہیں کاہے کی اُلجھن ہے
میں دُکھتا ہوں
وہ کہتا ہے
وہ لمحہ ہم سے دامن گیر ہے اُس کا کہا مانو
بدن جو کہہ رہا ہے

وہ زیاں سمجھو
وہ لمحہ.....جو ہمیں دو مختلف سمتوں کی دوری سے اُٹھا کر
مرکزی نقطے پہ لے آیا
علاوہ اُس کے جو کچھ ہے
زیاں سمجھو
بہت سی اَن کہی باتوں سے دَم گھٹنے لگا ہے
آؤ اس خلوت کدے کے مرکزی پھیلاؤ میں ان کو رہا کر دیں
کوئی ہلچل مچائیں اور ہنگامہ بپا کر دیں
ابھی تم کہہ رہے تھے جس طرف دیکھو
محلے، گھر، گلی، بازار، رستے آنسوؤں اور سسکیوں سے بھر گئے ہیں
جانے کتنے لازمی کردار
بے مقصد کہانی کے سفر میں مر گئے ہیں
خواب گاہوں سے ہمارے خواب سڑکوں پر نکل آئے
تماشا کرنے والے بھی نگاہوں میں نہیں آتے
تماشا دیکھنے والے بھی اب آنکھوں سے اوجھل ہیں
ہمارے رت جگے نیندوں سے بوجھل ہیں
در و دیوار سے اُلجھی ہوئی سرگوشیوں کے زخم رستے ہیں
سمے کی بھاگتی پرچھائیوں کی اوٹ میں پھیلے ہوئے سائے
نئی تاریخ لکھتے ہیں
میں اس کو دیکھتا ہوں
اور نئی تاریخ کا صفحہ اُلٹتا ہوں

ستم کی آگ میں جلتے ہوئے جسموں کی مزدوری
ہزاروں دائروں اور سلسلوں کے درمیاں رکھی ہوئی دوری
ہمارے پیرہن صدیوں کی مجبوری
ہماری خواہشوں کے پر نہیں ہوتے
کہ ساری عمر جن کی چار دیواری کو بنتے ہیں
ہمارے گھر نہیں ہوتے
ہمارے آئینے خود اپنی ہی حیرت سے ڈرتے ہیں
ہمارے خواب تعبیروں کے آنگن میں
خس و خاشاک کی صورت بکھرتے ہیں
مگر اک آس دل میں کروٹیں لیتی ہے
اِک اُمید کی بارش میں تن من بھیگ جاتا ہے
خیال آتا ہے...... دُکھ!
جاتی ہوئی رُت کے مسافر ہیں
اِسی جاتی ہوئی رُت کی خزاں آباد گلیوں میں
بہار آثار آبادی کے جگنو پھیل جائیں گے
رواجوں اور رسموں کے کھنڈر ہوتے ہوئے جنگل کے سنّاٹے
رہائی کے لئے رستہ بنائیں گے
نئے قدموں کی آہٹ...... سر اُٹھائے گی
ہوا....... آواز کا چہرہ بنائے گی
یہی چہرہ تمہارا ہے یہی میرا ہے سب کا ہے
میری آنکھوں میں یہ محفوظ کب کا ہے

میں اس کو دیکھتا ہوں

اور اک صفحہ اُلٹتا ہوں

بہت نزدیک آتے فاصلوں کی دُھند چھٹتی ہے

کہ جیسے درد کی زنجیر کٹتی ہے

زمانہ!

ایک ساعت کو ٹھہرتا ہے

پلک جھپکوں

تو یہ منظر بکھرتا ہے

ہمیشہ کے لئے کب رات رہنی ہے

اسی ٹھہرے ہوئے پل میں

تمہیں اک بات کہنی ہے

تم ہنستے ہو

تو کتنے بے ریا جذبوں کے عکس آواز بنتے ہیں

چلو ہنستے ہوئے رخصت کرو مجھ کو

جو چلتے ہو

تو کیسی روشنی چھنتی ہے پیروں سے

چلو چلتے ہوئے رخصت کرو مجھ کو

ابھی جس آگ میں ہم جل رہے ہیں، آؤ

اور اس آگ میں جلتے ہوئے رخصت کرو مجھ کو

چلو ہنستے ہوئے رخصت کرو مجھ کو

(اپریل ۱۹۹۵ء)

○

بہت سی خواہشوں سے ہاتھ اب دھونا پڑے گا
جو حاصل ہی نہیں ہے وہ یہاں کھونا پڑے گا

مرے رستے میں کب سے آسماں بکھرا ہُوا ہے
مُجھے جانے سے پہلے بوجھ یہ ڈھونا پڑے گا

ضُروری تو نہیں ہم ایک جیسے دُکھ اُٹھائیں
ہمیں اِک دوسرے سے مختلف ہونا پڑے گا

جسے ہنسنے ہنسانے کے لئے لایا گیا ہے
کہانی میں اُسی کردار کو رونا پڑے گا

وہ صفحہ ہو کہ دل ہو، بزم ہو یا پھر ہوا ہو
اگر جینا ہے تو پھر ہر جگہ ہونا پڑے گا

(لندن) اکتوبر/۱۹۹۸ء

○

رات اِک ٹوٹے ہوئے چاند کو گھر لایا تھا
جوڑنے بیٹھا تو خورشید نکل آیا تھا

یہ جو دَم سادھے ہوئے دشت کی تنہائی ہے
میں یہاں پہلے پہل آیا تو گھبرایا تھا
(اگست/۱۹۹۹ء)

○

باغ میں جانے سے صیّاد جو روکے گا ہمیں
کل ہر اِک شاخ پہ کِھلتے ہوئے دیکھے گا ہمیں

عشق جو ایک ادارہ ہے غمِ ہستی کا
اِس ادارے میں جو آئے گا وہ پوچھے گا ہمیں

ریزہ ریزہ جو یہ پلکوں سے چُنے جاتا ہے
جمع کر لے گا تو جانے کہاں رکھّے گا ہمیں

ہم نہ ہوں گے تو یہی موسمِ وحشت آثار
کبھی تُم سے کبھی آئینے سے پوچھے گا ہمیں

کُوچ کرنے کی گھڑی آن ہی پہنچی آخر
اِس توقّع پہ کہ شاید کوئی روکے گا ہمیں

وہ سُخن ہم نے کیا ہے کہ ہر آنے والا
اپنی ہی طرح سے لکھّے گا پہ لکھّے گا ہمیں

سیرِ گلزارِ جہاں کے لئے چلتے ہیں سلیؔم
گُل نہ جانے گا مگر خار تو سمجھے گا ہمیں

(اپریل/مئی ۲۰۰۰ء)

○

پہلے تو بارشوں میں بدن بھیگتا رہا
پھر اُس کے بعد ٹوٹ کے نیند آ گئی مجھے

(جنوری/۲۰۰۰ء)

○

خاک ہونے پہ بھی حسینۂ خاک
ہاتھ آتا نہیں خزینۂ خاک

آؤ کچھ دن زمین پر بیٹھو
شاید آ جائے کچھ قرینۂ خاک

میری مٹّی کا عکس پڑتا ہے
چاند ہے یا کوئی نگینۂ خاک

رُوح کی کرچیاں سمیٹنے میں
ٹوٹ جاتا ہے آبگینۂ خاک

جس میں یادوں کی دُھول اُڑتی ہے

آنے والا ہے وہ مہینۂ خاک

آسماں کے کُھلے سمندر میں

رقص کرتا ہے کیا سفینۂ خاک

یہ تو خاکِ بدن ہی جانتی ہے

طے ہوا کس طرح سے زینۂ خاک

(اپریل؍۲۰۰۴ء)

مسترد کرتا ہے ہر بات مری

کوئی مجھ سے بھی بڑا ہے مجھ میں

کس قدر بھیڑ لگی ہے پھر بھی

راستہ خالی پڑا ہے مجھ میں

(مئی؍۱۹۹۹ء)

○

محوِ نظّارہ کوئی یوں بھی نہ تنہا رہ جائے
دیکھنے والے چلے جائیں تماشا رہ جائے

کوئی تصویر جو کھینچی نہ گئی ہو اب تک
کوئی چہرہ کہ جسے آئینہ تکتا رہ جائے

کوئی ایسا کہ جسے تشنگی سیراب کرے
کوئی دریا سے گلے مل کے بھی پیاسا رہ جائے

ایک تنہائی میں ہے دُوسری تنہائی کا دُکھ
جیسے صحرا میں کہیں وسعتِ صحرا رہ جائے

اتنا غافل نہ ہو دُنیا کی طرف داری میں
تجھ میں دُنیا نہ رہے اور غمِ دُنیا رہ جائے

ختم ہونے کے لئے عُمر کی ڈھیری ہے بہت
پُوری ہونے کے لئے کوئی تمنّا رہ جائے

اتنی تاخیر سے مت مل ہمیں[1] اے دوست کہ پھر
نبضِ بیمار نہ ہو دستِ مسیحا رہ جائے

اتنی تیزی سے بدلتے ہوئے رستوں میں سلیمؔ
معجزہ ہے جو کوئی نقشِ کفِ پا رہ جائے

(نومبر/۱۹۹۹ء)

[1] دیکھیے مرے مجموعہ کلام "یہ چراغ ہے تو جلا رہے" کا ساتواں ایڈیشن

○

یہاں پہ کیا ہے مرا، اور کیا نہیں میرا
یہ فیصلہ تو ابھی تک ہُوا نہیں میرا

وہاں بھی کوئی سمجھتا نہیں تھا بات مری
یہاں بھی کوئی سُخن آشنا نہیں میرا

یہ اہلِ دیر و حرم تو فقط بہانہ ہیں
بجز خدا، کوئی حاجت رَوا نہیں میرا

میں اِس لئے بھی اکیلا ہوں اپنی حیرت میں
یہاں جو سب کا ہے وہ آئینہ نہیں میرا

تو پھر سبھی کے دُکھوں کی خبر مجھے کیوں ہے
اگر کسی سے کوئی واسطہ نہیں میرا

تمام اہلِ سفر جس پہ متّفق ہیں سلیمؔ
میں کیا کروں کہ وہی راستہ نہیں میرا

(فروری/۱۹۹۸ء)

○

کوئی رُت ہو، اُسے دل گیر بنا دیتا ہے
وہ تو خواہش کو بھی تقدیر بنا دیتا ہے

آتش و آب تو تمثال گری ہے اُس کی
وہ تو مٹّی کو بھی اکسیر بنا دیتا ہے

جمّع کرتا ہے وہ رُسوائی کے سارے اسباب
اور ہوا میں کوئی تصویر بنا دیتا ہے

تُو نے دیکھی نہیں اربابِ جُنوں کی وحشت
عشق آواز کو زنجیر بنا دیتا ہے

(فروری ۱۹۹۴ء)

اب اُس کے ساتھ رہیں یا کنارا کرلیا جائے

ذرا ٹھہر مرے دل، اِستخارہ کرلیا جائے

اب ایسا ہے کہ اُدھر وہ ہے درمیاں میں ہے وقت

پُکارا جائے اُسے یا اشارہ کرلیا جائے

پھر اس کے بعد کہیں پاؤں رکھ کے دیکھیں گے

ذرا فلک کو زمیں پر ستارا کرلیا جائے

اسی میں حُسنِ تعلّق کا بھید ہے شاید

جو جیسا ہے اُسے ویسا گوارا کرلیا جائے

اِسی قناعتِ بے جا نے کھو دیا سب کچھ
کہ جو نہیں ہے اُسی پر گُزارا کرلیا جائے

غُبارِ راہ گُزر کی طرح ہے یہ دُنیا
اب اس غبار میں اپنا نظارہ کرلیا جائے

تمہارے غم ہی سے فرصت نہ تھی کہ سوچتے ہم
مرتّب اپنے غموں کا شُمارہ کرلیا جائے

(جولائی ۲۰۰۳ء)

○

لَو دیتے ہیں زنداں کے اندھیروں میں ابھی تک
وہ زخم کہ جو حلقۂ زنجیر سے آئے

اس دشتِ رفاقت کی گزرگاہ میں ہم تم
آئے بھی تو اِک عمر کی تاخیر سے آئے

(دسمبر ۲۰۰۳ء)

○

جسم کو سرسبز، جاں کو شبنمی کرنے کے بعد
دل بہت دُکھنے لگا غم کو خوشی کرنے کے بعد

اُس کو دینے کے لئے کچھ بھی نہیں ہے میرے پاس
جو سوالی بن گیا مجھ کو سخی کرنے کے بعد

سنگِ طفلاں کی روایت کو بھی دوہرایا گیا
اپنی ہی گلیوں میں مجھ کو اجنبی کرنے کے بعد

سانس لینے کا تکلّف ہی تو باقی رہ گیا
رَوز مرّہ کی ضرورت میں کمی کرنے کے بعد

گرمیٔ تارِ نفس سے جاں پگھلتی ہے ہنوز
اِک نئے آتش فشاں میں زندگی کرنے کے بعد

میرے بُجھنے کی تمنّا میں جلے ہیں کتنے لوگ
اور میں روشن ہوا ہوں روشنی کرنے کے بعد

میرا نامعلوم ہی معلوم ہے میرا سلیمؔ
یعنی میں ثابت ہُوا، اپنی نفی کرنے کے بعد

(دسمبر/۱۹۹۷ء)

○

گواہی کیوں نہ دی تُم نے بدلتے منظروں کی
جو تُم کو دیکھنا تھا، تُم نے دیکھا کیوں نہیں ہے

اِسی باعث تو آئینے شکستہ ہورہے ہیں
کہ جو سچّا نظر آتا ہے سچّا کیوں نہیں ہے

اسی دُکھ میں تو آنکھیں بند ہوتی جارہی ہیں
کہ جو اچھّا نظر آتا ہے اچھّا کیوں نہیں ہے

(مارچ/۲۰۰۳ء)

○

مُجھ کو اِسی بات کا تو غم ہے
دُنیا مری آرزُو سے کم ہے

نادیدہ زمانے دیکھتا ہوں
چہرہ ہے ترا کہ جامِ جَم ہے

یہ کیسے نشاں اُبھر رہے ہیں
یہ تُو ہے کہ وقت ہم قدم ہے

میرا ابھی گُزر نہیں ہے، جب سے
یہ دل تری یاد کا حَرم ہے

ہر پل کوئی سوچتا ہے مُجھ کو
ہر لمحہ مرا نیا جنم ہے
مٹّی ہی کا کھیل ہے یہ سارا
مٹّی ہی وجود کا عَدم ہے
جیتے ہوئے لوگ ہار جائیں
اے کارِ جُنوں بڑا ستم ہے
دیکھوں تو ذرا میں نام اپنا
اے لَوحِ جہاں کہاں رقم ہے

(فروری ۱۹۹۴ء)

○

نمازِ عشق ادا کررہا ہوں آج سلیم
اِمام رُوح مری، جسم مقتدی میرا
(اکتوبر ۲۰۰۴ء)